本书得到"中国企业直接对外投资决策机制的研究：
基于政治嵌入与公司治理的整合视角（项目号：71702128）"项目资助

中国企业
跨境并购影响因素研究

基于公司治理与社会网络的整合视角

李娅 ◎ 著

知识产权出版社

全国百佳图书出版单位

—北 京—

图书在版编目（CIP）数据

中国企业跨境并购影响因素研究：基于公司治理与社会网络的整合视角/李娅著. —北京：知识产权出版社，2021.4

ISBN 978 - 7 - 5130 - 7461 - 2

Ⅰ.①中… Ⅱ.①李… Ⅲ.①跨国公司—企业兼并—研究—中国 Ⅳ.①F279.247

中国版本图书馆 CIP 数据核字（2021）第 055677 号

内容提要

本书关注了中国企业"走出去"的现象，运用公司治理和社会网络理论探讨了中国企业一系列独特属性对跨境并购决策的影响。本书基于中国企业跨境并购事件，构建了结构方程模型，完成了多层次的实证研究，归纳了公司治理、政治嵌入、制度环境对中国企业跨境并购控制权和企业绩效的影响。本书揭示了中国企业跨境并购决策的形成机理，旨在为中国企业制定直接对外投资决策和提升企业绩效提供理论参考。

责任编辑：张水华　　　　　　　责任校对：谷　洋

封面设计：臧　磊　　　　　　　责任印制：孙婷婷

中国企业跨境并购影响因素研究：基于公司治理与社会网络的整合视角

李　娅　著

出版发行：知识产权出版社 有限责任公司	网　　址：http：//www.ipph.cn
社　　址：北京市海淀区气象路 50 号院	邮　　编：100081
责编电话：010 - 82000860 转 8389	责编邮箱：46816202@ qq.com
发行电话：010 - 82000860 转 8101/8102	发行传真：010 - 82000893/82005070/82000270
印　　刷：北京九州迅驰传媒文化有限公司	经　　销：各大网上书店、新华书店及相关专业书店
开　　本：720mm × 1000mm　1/16	印　　张：11.25
版　　次：2021 年 4 月第 1 版	印　　次：2021 年 4 月第 1 次印刷
字　　数：190 千字	定　　价：65.00 元

ISBN 978 - 7 - 5130 - 7461 - 2

前　言

随着经济全球化的日益深入，中国企业顺应变革浪潮逐步开展国际化行动，寻求在海外市场的一席之地。在直接对外投资的进入模式中，跨境并购以其迅速获取海外市场的特点受到了许多中国企业的青睐。在这样的背景下，学术界开始更多地关注中国企业的独特属性是否对跨境并购成败带来影响。一个现实问题是企业在中国特有的制度情景下开展跨境并购活动。中国企业的公司治理和政治嵌入对企业跨国并购投资决策是否产生影响？公司治理和政治嵌入是否会进一步影响跨境并购企业绩效？国内外制度环境是否进一步改变了这些要素之间的关系？基于上述问题，本书对中国企业跨境并购问题进行了探索式研究。

本书以中国企业跨境并购投资事件为样本，开展了系统的实证研究。第一章介绍了本书的研究背景和研究方法，明确了研究内容和技术路线。第二章开展了国内外研究的文献评述。第三章基于社会网络理论和公司治理理论构建了全书的理论分析和研究模型。第四章完成了公司治理、政治嵌入对中国企业跨境并购投资行为决策影响的实证研究。第五章开展了政治嵌入对跨境并购企业绩效影响的实证研究。第六章探讨了国内制度压力和东道国制度距离的情景下，政治嵌入对跨境并购投资行为及企业绩效的影响。第七章围绕中联重科和复星国际的跨境并购业务进行了案例研究。第八章总结了研究结论、研究启示，进行了研究展望。

本书旨在为中国企业"走出去"提供理论启示，为理解中国制度背景下企业国际化决策行为提供理论依据，为优化中国企业跨境并购策略提供一定的决策参考。

本书在编写过程中受到了林润辉、A. Rashad Abdel – Khalik 等多位专家的悉心指导和帮助。本书的很多灵感来源于参与《管理研究杂志》（*Journal of Management Studies*）、《世界商业杂志》（*Journal of World Business*）以及《亚太管理杂志》（*Asian Pacific Journal of Management*）学术会议研讨和从事期刊编审工作。同时，本书的编写得到了知识产权出版社相关领导和编辑的大力支持，尤其是张水华编辑为完善书稿提供了大量建议，在此表示衷心感谢。

本书获得了国家自然科学基金课题经费资助，由"中国企业直接对外投资决策机制的研究：基于政治嵌入与公司治理的整合视角（项目号：71702128）"项目资助完成。由于作者水平有限，书中难免存在错误和不妥之处，恳请读者们批评指正。

目　录

第一章 绪 论

随着经济全球化的日益深入，中国企业开始顺应趋势走出国门，寻求在海外市场的一席之地。在直接对外投资的渠道中，跨境并购以其迅速获取海外市场资源和技术的特点受到了中国企业的广泛青睐。在这样的背景下，如何帮助中国企业成功开展跨境并购业务，并有效实现目标，成为学术界和实践界共同关注的焦点。本章回顾了选题背景，提出了中国企业在跨境并购过程中应关注的实践问题，明确了研究主题，阐述了本书的理论与实践意义，介绍了研究方法和研究思路。最后，概述了本书的研究内容和可能创新点。

第一节 研究背景

近 20 年来，越来越多的企业青睐以跨境并购的形式进入国际市场。1990—2014 年，据 UNCTAD 统计❶，跨境并购在数量和金额上均已成为企业直接对外投资总额的前十大因素，在全球 FDI 总额上也占据较大比重。麦肯锡统计报告显示（McKinsey，2015），2000—2013 年，全球交易活动中有 37% 来自跨境并购业务。

特别是 2001 年中国加入 WTO 后，为了经济快速融入全球，政府制定了"走出去"的战略政策。随着经济高速增长，大量的中国企业基于内在的发展需要以及国家"走出去"战略的鼓励，开始转换思路，逐步加快向海外市场扩张的进程。根据联合国贸易和发展会议（UNCTAD）发布的《2015 年世界

---

❶ 数据来源：UNCTAD 联合国贸易与发展会议数据库 http：//unctadstat. unctad. org/EN/。

投资报告》，中国企业 2003 年的对外直接投资额为 28.5 亿美元，仅为全球对外直接投资总额的 0.45%。而到了 2011 年，中国对外直接投资达 651 亿美元，占全球投资的比重上升到 3.8%。经过 10 多年的国际化发展，中国企业的足迹已延伸到世界的各个角落。截至 2014 年年底，中国 1.85 万家境内企业在国（境）外设立对外直接投资企业近 3 万家，这些企业分布在全球 186 个国家和地区，对外直接投资累计净额高达 8826.4 亿美元。❶ 与此同时，中国企业的综合实力也在迅速增强。以 2012 年为例，193 家上榜《财富》全球 500 强的亚洲企业中，中国企业占 106 家，其中 3 家公司跻身十强之列，中国企业数量首次超过了日本（54 家）、韩国（17 家）和印度（7 家）。❷

虽然处于计划经济向市场经济转型期，中国经济的发展依然取得了举世瞩目的成就，实现了国际业务提升。然而值得注意的是，中国的法律和金融发展现状无法对现阶段经济持续高速增长的现实作出合理解释，这被学术界誉为"中国发展之谜"（Allen，2005）。为了解释这一现象，国外学者的研究指出，政府仍掌握着大量的社会资源与权力。在法律法规等正式制度不完善的情况下，以中国的"关系"机制与声誉机制为代表的非正式制度起到了关键性替代作用。非正式制度安排可以降低企业交易成本、促使经济快速运行（Allen，2005）。从企业角度，企业与政府的联系成为非正式制度作用发挥的主要体现。

海外跨国企业更多通过直接对外投资、跨境并购以实现自身实力增强。而中国企业的国际化动机及行为具有明显差别。对以中国企业为代表的新兴经济体企业来说，有必要在充分吸收发达经济体成熟的国际化经验的同时，结合自身特点，开展进一步的研究与思考，以更好地推进国际化战略。

一、研究背景

在全球化的今天，跨国企业是推动国际经济运行的中坚力量。面临国内市场日益饱和、自身竞争力有待提高等现实需求，越来越多的企业走出国门，在

---

❶ 数据来源：UNCTAD 联合国贸易与发展会议数据库 http：//unctadstat. unctad. org/EN/。

❷ 数据来源：2012 年财富世界 500 强排行榜 http：//www. fortunechina. com/fortune500/c/2012 - 07/09/content_ 106535. htm。

全球市场开疆扩土，直接对外投资活动日益频繁。据经济合作与发展组织（Organization for Economic Co-operation and Development，OECD）的数据显示，仅 2014 年，全球直接对外投资（净流出量）已达 13 165 亿美元，较上一年同比增长 8.28%。2010—2016 年，全球直接对外投资净流出量均维持在万亿美元级别。❶ 由此可见，以直接对外投资为渠道的国际化经营在全球范围内持续扮演着积极的角色。

（一）中国企业直接对外投资概况

为顺应经济全球化的趋势，中国企业不断增强自身实力，尝试"走出去"的步伐，逐渐扩大了直接对外投资的力度。根据联合国贸易和发展会议（2015）的统计，2002 年中国直接对外投资流量为 202.7 亿人民币，2014 年达到 7547.2 亿人民币。12 年间，直接对外投资额度增长了约 36 倍。其中，2010 年中国直接对外投资额为 4659 亿人民币，同比增长 20.99%，2013 年投资额为 6589 亿人民币，同比增长 19.49%。2010—2016 年，直接对外投资规模以年平均 20% 的增长率持续增长。

我们对中国、日本和韩国三个亚洲国家的情况进行横向比较。据联合国贸易和发展会议的统计，2002 年，日本直接对外投资额为 322.8 亿美元。同期，中国和韩国的投资额分别为 25.2 亿美元和 30.2 亿美元。中韩两国的直接对外投资规模相当，但与日本还存在着明显差距。图 1.1 显示，2002—2007 年，3 个国家的直接对外投资额度均大幅度增长。日本在经历 2008 年全球金融危机后，对外投资额度大幅下降，于 2010 年恢复了对外投资增长。截至 2013 年，中国的直接对外投资流量已提高到 1010 亿美元，与日本的 1357 亿美元资金规模相当，达到了千亿级美元的投资规模。中国的对外投资流量同期一直超过韩国。由上可以看出，中国企业高度重视国际化业务，有着强烈进入国际市场的意愿。

（二）中国企业的跨境并购业务量逐年增加

直接对外投资形式主要分为跨境并购和绿地投资两种。其中，跨境并购以

---

❶ 数据来源：经济合作与贸易发展组织统计数据库 https：//stats. oecd. org/。

迅速获得资源的特点受到了更多企业的青睐。在中国企业直接对外投资活动逐年活跃的背景下，跨境并购业务量也呈现快速增长的态势。从跨境并购案例数量看，2002 年中国企业并购事件仅为 34 件，2007 年为 61 件。2013 年达到 288 件，是 2002 年业务量的 8 倍。从跨境并购资金规模看，从 2002 年的 11 亿美元增至 2014 年的 501 亿美元，增长了 40 多倍。从整体趋势上看，中国企业跨境并购的资金规模逐年扩大，并购事件数量连年攀升。特别是在 2008 年，跨境并购业务出现"井喷"，并购事件数量和资金规模分别增长至 162 件和 358 亿美元。❶ 在全球金融危机的背景下，中国企业却扩大了国际化业务，体现了一定的全球"抄底"思想。中国企业在国内市场积累了雄厚资本，进而选择在国际优质资产处于价格底部的时机进行买入，实现了国际资源的整合。

通过图 1.1 和图 1.2，我们可以清晰地看到，2002—2013 年，中国企业通过跨境并购方式实现了"走出去"战略，进入国际市场的步伐逐年加快，企业的国际化程度不断深化。

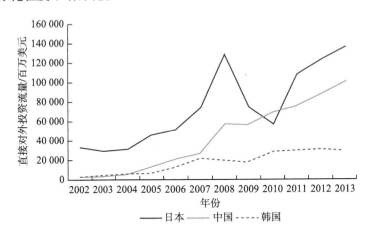

图 1.1　2002—2013 年中国、日本、韩国直接对外投资流量比较❷

---

❶ 数据来源：Wind 资讯。
❷ 数据来源：联合国贸易与发展会议报告。

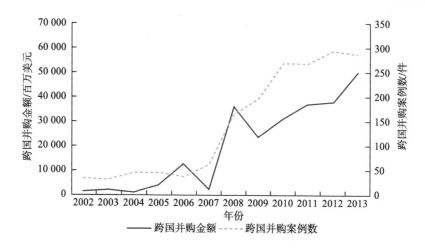

图 1.2 2002—2013 年中国跨国并购情况统计❶

（三）国家"走出去"政策支持企业开展国际化业务

改革开放以来，我国积极发展与其他国家的经济贸易关系，签订了大量的国际经济贸易条约，包括通商航海条约、贸易协定、自由贸易协定、经济技术合作协定、贸易议定书等各种类型，协议内容涉及能源、施工工程、直接对外投资等。据笔者统计，2004—2014 年国家颁布的"走出去"政策累计有 50 项，政策由多个部委联合发布，涵盖国家发展改革委、外交部、工业和信息化部、财政部、商务部、人民银行、海关总署、工商总局、质检总局、银监会、证监会、保监会、外汇管理局等国家机构。国家层面对"走出去"政策非常重视，做出了全面的工作指引和规范，形成了广泛的影响。国有企业跟随"走出去"战略，在中国与东道国签署经贸合作协定基础上开展海外业务，是对国家层面决策的贯彻、执行。积极的国家政策在一定程度上推动了中国企业加快进入海外市场的步伐。

（四）中国跨境并购动机的变化

在国家"走出去"政策的推动和引导下，中国企业积累了丰富的国际化经验，跨境并购的动机也发生着变化。麦肯锡报告（McKinsey，2015）显示，

---

❶ 数据来源：联合国贸易和发展会议报告。

来自新兴经济体企业的跨境并购动机正在发生变化。早期并购的主要目的是填补本国战略资源不足和能力空白，目的在于获得那些在母国市场不能提供的技术能力、管理水平或无形资产。而近几年来，新兴市场经济体企业的跨境并购目的转向获取新市场、自然资源和提高业务协同效率。例如，2004 年，TCL并购法国汤姆逊公司，主要看重的是合作后的品牌效应和强大的技术力量。而到 2009 年，受全球金融危机影响，很多有国际影响力的公司都遭遇了经营困难。中国企业则借助原来在国内发展储备的资金实力，开始了新一轮的跨境并购热潮。吉利并购瑞典沃尔沃集团，并没有在并购整合过程中汲取对方的技术实力，而是采用"沃人治沃"的理念，坚持原班高管团队的管理，通过新形式开辟了新的国际市场。作为国有企业的代表，中国石化于 2008 年并购了加拿大 Tanganyika 石油公司股权、中国石油 2009 年收购哈萨克斯坦曼格斯套石油天然气公司股权，则说明中国企业正在通过跨境并购来整合全球能源资源，借此获得全球协同效应。

二、问题提出

作为海外市场的初学者，中国企业跨境的并购之路并非一片坦途，遭遇了很多坎坷。在新浪财经聚焦中国跨境并购的专题报道中，通过对中国企业跨境并购失败案例的追踪，报道将失败原因总结为企业治理水平、公司自身属性和并购所处的制度及文化差异这三个方面。

自从 2001 年中国加入 WTO，国内一系列政策制度朝着市场化、全球化的方向转变。同时政府长期拥有资源管控，如特许经营权、融资政策、税收优惠、国家补贴、外汇政策等。这些资源和政策都影响着中国企业在本土的经营以及国际化业务的发展。例如，在金融政策上，绝大多数的跨境并购业务都需要动用大量资金，仅靠企业的自有资金难以满足交易所需，跨境业务一般都依赖金融机构的贷款支持。对于那些拥有良好政府背景和政企关系的企业而言，它们更容易通过借贷政策便利地筹集跨境并购资金。拥有紧密的政企关系的企业在一定程度上为它们赢得了成功完成跨境并购业务的机会。对具有政企关系优势的企业而言，金融资源的易得性也有可能造成资源浪费，进而出现跨境并购的盲目决策。而相应的，这也影响了那些无政企关系企业在国际市场竞争的公平权益。

（一）中国跨国企业的公司治理现状

我国企业的公司治理尚处于初级阶段。一般，公司的治理规范都由证监会等政府监管部门引导，这些部门下达政策文件，从而实现中国企业最初公司治理水平的科学化建设。在跨境并购的过程中，很多具体而严峻的公司治理问题都考验着经验尚浅的中国企业。企业不得不面临与被并购企业融合的问题。中国买家需要解决一系列跨国并购而带来的治理问题，如设计新并购企业的股权模式、重组董事会席位、子公司组织架构、高管团队的委派、母子公司内部有效的知识转移等，从而保障投资权益，实现集团整体协同效应。母公司的公司治理是否影响了跨境并购业务？公司治理是否会影响中国跨境并购企业的市场价值？这些问题都值得进一步关注和探讨。

（二）企业性质对中国企业"走出去"的影响

埃森哲咨询公司的一份研究报告显示，中国企业在国际化业务拓展过程中普遍存在"缺乏具有统筹性和一致性的国际化战略""执行力薄弱""管控简单粗放""缺乏具有包容性和多元化的人才管理机制""跨文化管理失利"等问题。这说明，在一定程度上，中国企业还尚未具备足够的国际化能力就已经进入国际市场。

中国企业在执行"走出去"战略的过程中面临着巨大的经营风险与挑战。基于行政要求，更多企业（特别是国有企业）是执行国家间经贸合作协议，缺乏主动进入国际市场所需的全面投资评估能力和统筹协调的国际化战略。

在计划进入海外市场之初，企业应充分考虑其自身政企关系所带来的各种具体资源及限制条件（如两国政治关系、制度距离、相关产业协作、资金支持以及本国政策保障），从而制定合适的国际化战略决策。

社会网络理论认为，企业在政企网络中的嵌入程度不同形成了不同水平的政治嵌入，在中国国有企业是政治嵌入程度较高的代表。政治嵌入为国有企业国际化网络建设提供了政策支持、金融服务、商贸信息等多方面的保障，促进了国有企业经济效益实现和海外业务拓展。一是在进入东道国后，国有企业在当地的商业经营网络构建也离不开国内政府、国资委、国有金融机构等多方的政策支持。二是国有银行在融资方面具有一定的垄断性。相较于一般企业，具有较强政治嵌入的企业更容易获得国际化网络建设过程中所需要的各类金融服务、资金支持。三是我国早在 1994 年前就已经确立了向日本"综合商社"学习的国际化业务拓展方针，由商务部等政府机构定期向国有企业提供丰富的海外业务拓展资讯。国有企业有更多机会获得由政府机构提供的全面的海外市场信息，以辅助国际化决策的制定。

（三）中国企业跨境并购中制度环境因素的影响

中国企业国际化过程中还面临着制度和文化的考验。制度环境塑造组织和个人的行为，并体现社会的方方面面，如法律环境、政府与企业互动关系、资本市场效率以及交易信息的有效性等多方面。一方面，中国企业受到来自母国政府的"走出去"政策鼓励，更便利地获得资源倾斜。而一些国有企业还遭受政绩考核的压力，承担着开展跨国经营业务的责任。另一方面，"走出去"的中国企业需要应对东道国的制度和文化差异。跨国企业开展海外业务意味着在全新的社会文化、政治和法律环境下开展业务经营与合作，东道国治理水平的高低直接影响着跨境并购的成败。例如，2013 年中海油以 151 亿美元收购加拿大尼克森，这笔交易不但要获得中海油与尼克森两家企业管理者的认可，还必须通过加拿大法院、政府、美国外国投资委员会及中国国资委等多个监管机构批准。在审批过程中，加拿大政府要求中海油承诺在收购后，原管理层和雇员仍要维持在 50% 以上。中海油就此妥协，加拿大政府才通过决议，这无疑增加了中海油在并购中的交易成本和后续公司的治理难度。

基于以上分析，有必要对中国企业的独特属性对跨境并购行为及其企业绩效的影响进行深入研究。具体而言，本书整合公司治理和社会网络理论，聚集于以下 3 个研究问题。

1. 公司治理、政治嵌入对跨境并购行为的影响

哪些要素影响了中国企业跨境并购投资？政治嵌入是否加深或减弱了中

国企业跨境并购的行为？公司治理、海外经验等要素是否对跨境并购行为也带来影响？在跨境并购的过程中，哪些要素具体塑造了公司治理和政治嵌入因素？

2. 公司治理、政治嵌入对跨境并购企业绩效的影响

跨境并购企业绩效由哪些前置要素影响？与政治嵌入更低的企业相比，政治嵌入更高的企业是否在跨境并购过程中获得更好的企业绩效？政治嵌入程度如何对企业绩效产生影响？公司治理是否在这组关系中起到了中介作用？

3. 不同制度环境调节下，政治嵌入对跨境并购行为、企业绩效的影响

母国和东道国制度环境对跨境并购企业形成不同维度的制度压力。在不同的制度压力下，问题1和问题2的变量关系是否会发生变化？即母国和东道国制度压力是否调节问题1和问题2的变量关系？这是问题3的研究重点。

因此，本书着重以中国企业跨境并购事件为研究对象，探索中国企业的公司治理结构、政治嵌入是否以及如何对跨境并购行为产生影响？政治嵌入是否影响了跨境并购企业的绩效？公司治理在政治嵌入与跨境并购关系中是否起到中介作用？不同形式的制度压力是否可以调节政治嵌入、公司治理与跨境并购行为、跨境并购企业绩效之间的关系？

第二节　研究意义

在中国管理情景下，研究政企关系与跨国并购的相互作用关系，可以为解释"中国发展之谜"提供参考，具有一定的理论价值及现实意义。

一、理论意义

在理论层面，本书的研究有利于探索中国企业国际化网络构建的演进规律，检验政治嵌入影响国际化进程的途径及有效性。

1. 拓展了以中国跨境并购企业为研究对象的公司治理研究

由于中国企业跨境并购的业务时间起步较短，所呈现出的企业特征对跨境

并购行为的观察较少，因此，研究公司治理对跨境并购的影响的文献较少。本书从公司治理理论入手，选取中国企业跨境并购事件进行实证研究，是对中国企业国际化研究的有益拓展。

2. 积极探索政治嵌入对企业国际化进程的影响机制

相关文献揭示了政治联系在我国经济转轨阶段的企业内普遍存在，并从不同理论视角探讨了政治联系对上市公司经济、财务、税收等方面的影响。但是，以社会网络理论为背景，探讨政治嵌入对企业国际化研究影响的文献较少，特别是关于政治嵌入与跨境并购行为、跨境并购企业价值关系的研究数量非常有限。对于跨境并购行为与企业绩效的关系问题，学术界尚未形成统一结论，还不能完整地构建政治嵌入——跨境并购行为——企业绩效的理论框架。而政治嵌入对于中国企业"走出去"的影响已经积累了大量案例，已经具备研究条件。因此，本书选择跨境并购行为作为因变量对象是很好的契机。本书积极探索政治嵌入与中国企业国际化关系的研究，有助于发现中国情景下社会资本对企业国际化演化过程的影响及其作用互动机制。

3. 社会网络理论的应用

社会网络理论之所以具有如此的吸引力，是由于它提供了一个与传统组织与管理研究不同的视角（Galaskiewicz，2007）。社会网络范式与传统研究范式的最大不同，就在于前者把研究的重点集中在行动者（Actor，个人、群体、组织）之间的关系及其嵌入其中的网络上，而不再仅仅关注行动者的属性；认为行动者网络的结构以及行动者的社会关系背景决定了行动者的行为和结果。运用社会网络理论解释跨境并购现象，是对理论研究的有益补充和积极探索。

二、现实意义

在实践层面，本书的研究可以为政府决策机构如何参与中国企业国际化运营提供政策制定参考，也为中国企业"走出去"国际化网络构建提供一定的实证证据和理论依据。

1. 本书以新兴经济体跨境并购企业为研究对象，更好地指导我国企业"走出去"

中国企业"走出去"是具有时代意义的研究话题，越来越多的国内外学者对该问题开展了深入讨论。"政府驱动型"经济增长也是解释中国经济增长及国际化迅速壮大的思路之一。在政策层面，本书积极探索企业的公司治理结构、政治嵌入特征对跨境并购业务产生的影响程度，在政府对企业的管辖方式、企业治理结构的顶层设计等方面提供参考依据。

2. 帮助企业管理者认识到，在跨境并购过程中政治嵌入对决策制定和企业绩效具有影响

在企业层面，本书试图揭示中国企业与政府之间基于国际化业务拓展的互动机制，为解释国际化拓展的发展规律提供帮助，为企业选取处理政企关系的手段和方式提供启示。

3. 帮助企业管理者理解不同海外投资制度环境对跨境并购决策的影响

通过阐述国内外制度环境对跨境并购决策存在的影响，帮助企业管理者意识到制度环境的存在及其重要性。针对企业自身不同的公司治理结构和政治嵌入程度，结合国内制度压力和国外制度距离综合判断，做出科学的跨境并购决策。

4. 帮助政策制定者认清政企关系在企业跨境并购中的作用，进一步厘清政企关系

政治嵌入对企业跨境并购决策行为及企业绩效的影响尚未建立起清晰的演示路径。本书的研究可以揭示这一问题，以帮助政府决策制定者明确了解政治嵌入可能存在对跨境并购决策的影响程度和方向，分辨政治嵌入在跨境并购决策中的具体影响关系，有利于厘清政企关系，建立适度且稳健的政企关系。

5. 帮助政策制定者认识到国内外制度环境的差异和重要性

政策制定者推进企业对外投资时往往局限于国内制度。通过本书系统性的梳理，可以意识到国内制度压力与国际制度距离均会对跨境并购决策产生影响，可以建立比较完整客观的制度框架思维，了解制度环境差异，并做出适用于国内的企业国际化推进政策。

第三节　研究方法及研究框架

一、研究方法

（一）文献研究和理论推演

文献研究是在总结国内外研究成果总结的基础上，提炼有关研究结论，全面正确地了解所要研究的问题。通过分析和归纳国内外相关文献（外文期刊主要以 *Academy of Management Journal*，*Journal of International Business Studies* 等为重点进行跟踪），以关键词政治嵌入 Political embeddedness、跨境并购 Cross – Border Mergers and Acquisitions、公司治理 Corporate Governance、制度环境 Institution Environment 及相关中国研究为关注重点，系统梳理了基本概念、理论背景、度量方法，构建本书的研究思路及框架。

（二）实证分析方法

在中国企业政治嵌入、国际化进入模式及网络效用影响研究方面，通过搜集公开的数据，采用多元统计、回归分析等方法，研究公司治理、政治嵌入对跨境并购决策的影响。本书运用 SmartPLS3.0 软件，构建 PLS – SEM 模型。SmartPLS3.0 软件是开展 PLS – SEM 模型检验的主流方法，以 PLS 路径模型参数估计，针对观测变量和潜变量提供综合评价。

1983 年 PLS 方法被 S. Wold 和 C. Albano 首次提出。该方法将主成分分析与多元回归相结合，大多以结构方程模型为表现形式（张军，2007）。PLS 方法定义不同潜变量及其观测变量，通过萃取主成分的方式来建立回归模型，并通过调整主成分权数来获得参数估计。

在建模的过程中，PLS 首先对潜变量（Latent Variable）建模，根据潜变量的实践含义确定对应的一个或多个观测变量（Indicator），这一建模过程组成了外部模型（Outer Model）。其次，根据预期探索的因果关系构建多个潜变量之间的内部模型（Inner Model），通过主成分估计法获得潜变量得分，再通过普通最小二乘法（Ordinary Least Square，OLS），计算获得潜变量的载荷系数和路径系数。最后，模型使用 Bootstrap 算法获得整个模型的显著性和稳健性结论。

PLS 方法的优势在于以模型的预测为导向，并具有以下特点：可以处理多构念的复杂结构模型；对内生变量的解释力强；可以同时处理反映型变量和形成型变量的模型，而其他方法仅能处理形成型变量一种情况的模型计算；支持较多数量的观测变量的运算；对潜变量的刻画更加贴近管理实践；在满足条件的情况下，可以实现小样本（N > 30）和中型样本（N > 70）的模型处理；不要求潜变量必须符合正态分布，比普通最小二乘法具有更广泛的适用性；对于交互项和调节变量的运算可以自动排除多重共线性问题，优于普通结构方程模型（Abdullah et al.，2013）。

我们可以通过 SmartPLS 软件提供的 Bootstrap 算法获得潜变量的路径系数、显著性和模型拟合度等检验结果。SmartPLS3.0 软件是潜变量建模研究领域的一个里程碑式的创新（Hair et al.，2013），该软件以简便易用和直觉式的用户界面方式，整合了多种模型算法（例如，PLS - POS，IPMA，复杂路径 Bootstrapping 等方法）。

PLS - SEM 模型广泛应用在管理学、社会学、心理学等社会科学领域，并获得了很多有益的研究成果。PLS - SEM 在管理学领域中关注了竞争力来源、商业策略、组织文化、领导力、组织学习、知识管理、国际化管理、企业创新、国际商务和跨文化研究及商业伦理等研究问题。从 2011 年起，在国内的管理学研究中，应用 PLS - SEM 方法的文献逐渐增多，2014—2015 年在国内重点核心期刊发表的相关文章的数量达到顶峰。多篇发表在《管理世界》的文献应用了 PLS - SEM 模型。例如：王伟耀（2014）对核心企业控制能力与知识溢出关系进行了研究，并检验了吸收能力、技术重叠等 4 个中介变量，发挥了 PLS - SEM 模型在探索性研究方面的特长。周志民（2014）发表在《南开管理评论》中的论文探讨了人格特质中，外倾性和内倾性对组织内的知识分享行为的影响，并加入了社会资本范畴的咨询网络中心性、情感网络中心性及互惠规范的中介效用检验，体现了 PLS 模型适用于处理复杂潜变量关系的特点。陈冬宇（2014）在《管理评论》上发表的文章以拍拍贷案例为基础，研究了风险、信任和出借意愿三者之间的互动关系，揭示利用 PLS 模型可以开展中小样本检验的优势。另外，梅姝娥（2013）针对 IT 外包关系、何轩等（2011）针对家族企业创业精神、王国顺等（2011）针对国际化绩效关系等话题的研究都积累了丰富的 PLS – SEM 方法研究基础。

总之，与其他方法相比，PLS – SEM 的变量的非正态分布、小规模样本、复杂构念模型处理能力和克服多重共线性等优势使该方法获得日益广泛的应用。基于 PLS 方法的以上特点，本书的研究模型中选用了 PLS 方法开展模型构建和数据检验。

二、研究框架

本书主要探讨公司治理与政治嵌入对中国企业跨境并购行为及其企业绩效的影响。研究的逻辑主线是以中国跨境并购企业为研究对象。首先，从实践出发，以研究背景和文献综述为基础，梳理已有研究的不足，提出本书的研究问题及其研究意义。其次，结合委托代理理论和社会网络理论，提炼出政治嵌入的治理视角，阐明公司治理与政治嵌入之间的内部关系，并明确这两个变量作为跨境并购行为决策研究的主要动因的理论依据。同时，引入制度理论，分析制度情景对公司治理、政治嵌入对跨境并购决策可能产生的调节作用。据此，进一步构建了本书的整体逻辑框架。然后，以整体逻辑框架为核心发展为三个实证研究章节。本书收集了中国企业跨境并购事件的样本数据，根据每一章节的研究主题建立各章节的构念模型，开展统计分析和假设检验，并开展相应章节的分析和总结。最后，对本书整体进行总结提炼，并阐述研究对理论和实践两方面的启示，归纳研究创新点和不足，提出未来研究展望。

本书研究框架如图 1.3，包括提出问题、理论分析及逻辑框架、实证研究和研究结论四部分，并展示了对应章节信息。

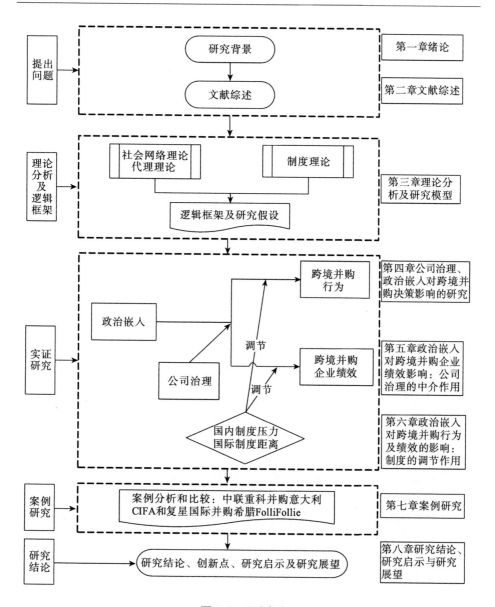

图 1.3 研究框架

第四节　研究内容和创新点

一、研究内容

本书共分为八章，具体章节内容如下：

第一章为绪论，从整体的角度对研究工作进行概述。首先，对研究的背景进行概述，就研究公司治理与政治嵌入对中国企业跨境并购的影响问题提出必要性；其次，综合阐述了本书的理论背景和现实意义；再次，回顾了研究方法和技术路线；最后，简要总结研究内容和本书的创新点。

第二章为文献综述，首先介绍本书主体的中英文文献检索，对已有研究进行了主体脉络分析。由于研究政治嵌入与跨境并购业务的文献数量较少，因此我们扩大了政企关系相关文献的回顾和综述范围，以期获得更多的理论借鉴与启发。在此基础上，本章对政治关联、研究政治嵌入的定义及其计量方法，研究政治嵌入与企业绩效关系、政治嵌入与跨境并购业务的文献进行总结评述。在综述过程中，指出了现有研究的不足之处，进而提出拟解决的研究问题，指出研究意义。

第三章为理论分析，构建了公司治理、政治嵌入对中国企业跨境并购影响的理论框架。该章首先回顾了政治嵌入的主要理论基础，并提出适用于本书的社会网络理论和公司治理理论视角，分析了政治嵌入影响跨境并购行为以及公司治理影响并购企业绩效的关系路径。然后，将制度环境要素引入理论框架，更全面地探讨了公司治理、政治嵌入对中国企业跨境并购行为及企业绩效的影响机制，构建了较为全面的中国企业跨境并购行为影响因素结构的理论框架。

第四、第五、第六章为实证研究。第五章主要研究公司治理、政治嵌入对跨境并购行为的影响。第六章则探索公司治理、政治嵌入对中国跨境并购企业绩效的影响，实证检验了公司治理在政治嵌入与中国跨境并购企业绩效之间的中介作用。第六章基于第四和第五章的预测模型，进一步引入制度环境的情景变量，探讨了在国内制度压力和国家间制度距离对公司治理、政治嵌入与跨境并购行为、企业绩效之间可能存在的调节影响。

第七章是案例研究，详述了中联重科并购意大利 CIFA 和复星国际并购希腊 Folli Follie 两个案例。通过案例的背景分析和内在机理展示，对实证检验提供了佐证。本章剖析了中联重科和复星国际的公司治理和政治嵌入特征，回顾了两家企业跨境并购的投资策略以及并购后的绩效。通过案例比较，得到与实证部分相对一致的研究结论。

第八章为研究总结，分为研究结论、研究创新性、政策建议、研究局限和研究启示四个部分。首先，基于前文的理论分析和实证研究，总结提炼本书主要的研究结论。其次，从企业管理和政策制定两方面提出一些决策建议。最后，从研究角度指出了本书存在的不足和未来研究的发展方向。

二、可能的创新点

首先，本书在政治嵌入与跨境并购关系中引入公司治理的创新视角，整合了政治嵌入可能存在的社会网络功能和政府参与董事会治理的两种研究思路，以政治嵌入、公司治理与跨境并购关系构建了比较完整的理论框架。

其次，本书较早地进行了政治嵌入与跨境并购行为关系的研究，已有的少数研究将视角仅集中在政治关联与跨境并购企业绩效的层面上。本书以社会网络理论为视角，将政治关联拓展到政治嵌入的概念层面。除了探讨政治嵌入对企业绩效的影响，更进一步揭示了跨境并购行为决策的影响因素，将中国企业的海外资产控制权、海外资产控股比例作为研究维度，深化了跨境并购研究的层次，尝试揭示政治嵌入与跨境并购企业绩效的内在机理。

再次，与已有关注一国（地区）制度环境的单一情景的研究不同，本书构建了国内制度压力和国际制度距离的双重制度框架，完善了跨境并购同时面临的母国与东道国的制度影响的背景分析，理论结构更为完整，为制度理论解释公司治理、政治嵌入与跨境并购决策问题提供了更为全面的分析思路。

同时，本书较早地应用政治嵌入的概念，并完善度量方法。已有研究关注的是企业高管是否具备政治关联———种虚拟变量的度量方法，评判维度较为单一。本书以社会网络理论为基础，丰富了政治嵌入的度量范围，并且结合跨境并购的研究情景开发了跨境政治关联的测度变量模型，完整地呈现了政治因素参与公司治理、公司决策的可能形式，是一次积极有益的政治嵌入的研究实践。

最后，较早地在中国政治嵌入与跨境并购研究中应用了结构方程模型的计量方法。一般以 Stata 或 SPSS 软件研究探讨自变量与因变量的关系，本书的实证研究应用 PLS – SEM（偏最小二乘法）结构方程模型，突显了多变量之间的结构关系，构建政治嵌入与跨境并购决策的各潜变量之间的结构方程模型，反映了整个模型内部变量间的构成路径。

第二章　文献综述

本章对国内外相关研究进行系统梳理和理论综述：首先回顾了跨境并购中公司治理对企业国际化影响的研究；其次，回顾了从政治关联发展而来的政治嵌入的定义及其度量方法，政治嵌入对企业绩效的影响和企业国际化的相关文献；最后，回顾了制度环境对政治嵌入和对跨境并购影响程度的研究。通过总结和评述已有研究的发展与不足，本书明确了研究新起点和新方向。

第一节　公司治理对跨境并购的影响

一、公司治理的理论基础

公司治理理论的基础来源于 Jensen 和 Meckling 于 1976 年提出的观点，他们整理了组织理论的定义，并提出"代理成本"的观点。他们认为，组织是服务个体关系集合的利基市场中的简单法律集合体。组织集合是通过市场系统管束和替代权威的资源分配，形成交换关系组合。市场影响契约和交换的成本，当使用市场规则的成本比使用直接权威的成本更高的时候，企业更倾向于选择利用直接权威。代理成本展现的是所有权与控制权分离的关系，由债务和外部权益的存在所产生，体现了承担成本的主体和原因（Jensen et al.，1976）。

公司治理结构是企业充分考虑到所处的法律环境之下，为了寻求合法化而设计的董事会内部治理规则的集合，本质目的也是减少股东与经理人之间的委托代理成本。公司治理是资源提供者减少单一财务投资者权益，以保障他们个人投资的研究过程（Shleifer，1997）。也有研究指出，公司治理是资源分配、控制和协调公司层面经济活动，以适应战略指导、问责制、透明和财富创造的一套完备的系统（Todeva，2005）。

随着时间的推移，对于股东与经理人之间的关系，理论界产生了不同诠释。第一个阶段，公司治理理论的假设框架是建立在股东利益最大化、股东与经理人之间关系不信任基础之上的。在所有权方面，中小股东的大比例持股对"搭便车"问题提供了部分解决方案（Shleifer，1986）。Morck（1988）研究了所有权与企业市场价值的关系问题。在董事会结构方面，托宾 Q 与管理所有权呈倒"U"形关系，随着董事持股比例的增加，托宾 Q 值会出现先上升后下降的特点。当董事会中董事持股比例提升，托宾 Q 再次缓慢提升。Klein（1998）关注了董事会中财务及投资专业背景的内部董事比例，该指标与企业的会计和股票绩效均呈正相关关系。同时，企业提高专业背景的内部董事比例所获得的股票回报和投资回报，明显高于那些明显降低这类比例的企业。

第二阶段，Charreaux（2001）将公司治理的基本假设从股东利益最大化扩展到了相关者利益最大化。由于不满足于公司治理理论中股东价值的解释，他们提出了含义更广的利益相关者价值的观点。利益相关者价值是基于企业中所有不同利益相关者的租金总和，而非来自某一单个股东。利益相关者理论导致股东的不同看法，巩固股东权利的观点往往与股东利益价值最大化的观点相左，揭示了终止股东价值最大化目标的必要性。利益相关者理论对理解企业的价值产生与分享机制更为深入。Boubakri（2005）的研究着重探讨政府作为利益相关者之一，认为政府对企业的管制程度视作公司治理的一个制度方面，探讨了受政府影响的公司治理的效用问题。该研究发现宏观经济的改革与环境、公司治理效率会促进企业绩效的变化，政府的管制程度是利润、效率和产出增长的决定性因素。资本市场更发达、产权保护更好的国家，企业的效应提升更为明显。

二、公司治理对跨境并购的影响

已有研究指出 FDI（国际直接投资）决策依赖于跨国企业的治理特征（Filatotchev et al.，2011）。在公司治理对企业国际化影响的问题研究方面，已有较多文献探讨所有权问题、委托代理问题、代理人—代理人冲突问题这三个视角。

1. 企业所有权

Mascarenhas（1989）的代表性研究较早地关注了所有制，认为不同的公司治理形式塑造了企业不同的对外贸易行为。跨国上市企业展现出"多面手"才能，综合调配多个地理市场，以实现广泛的产品线。国有企业集中面向稳定的国内市场客源提供有限商品，私营企业则通过面向国内不稳定的客源提供有限商品。对国有企业而言，财政补贴、间接的优惠贷款、外汇审批等政府提供的便利措施刺激了国有企业做出国际化决策（Pan et al.，2014；Zhou et al.，2015）。凭借特定的政策优势，国有企业表现出实力更为雄厚，拥有有效抵消东道国市场环境不利因素的能力（Amsden et al.，1994）。

2. 委托代理问题

当企业到不同的法律和经济环境发展水平的市场进行投资，企业的国际化行为必须面临信息不对称和持续性风险的考验。委托代理理论认为委托人（股东）与代理人（高管）之间的治理关系会影响企业的 FDI 决策。具体的FDI 决策可能会与企业风险偏好、经理人决策风格以及主要利益相关者的组成有关（Hoskisson et al.，2002）。FDI 决策成败将取决于母公司处理信息不对称和处理同海外企业潜在代理冲突的能力。在代理框架下，这些问题将涉及逆向选择和道德风险，因此 FDI 决策取决于企业的公司治理特征（Filatotchev et al.，2007）。海外市场的复杂度增加了对高管团队信息处理能力的需求，增加了经理人和股东的信息不对称，导致更严重的委托代理问题（Lu et al.，2009）。

3. 代理人—代理人冲突

新兴市场企业的大股东与小股东的利益分配不均衡会引致"代理人与代理人"冲突（连燕玲，2012；袁萍，2006），这种冲突是影响企业海外经营研究的新视角。有一项关于中国企业跨境并购案例的研究，对政府作为企业的最大股东是否会损坏小股东利益展开探讨。研究指出，当并购方企业的大股东为政府时，跨境并购会导致企业市场价值表现异常。中小投资者会担忧跨境并购对政府控股企业的绩效产生影响，从而体现为股价异常波动。此外，国际投资者对来自新兴市场的上市企业的并购公告会做出某些市场反应（Chen et al.，2010）。也有研究以在中国香港上市的中国企业并购信息为样本，实证证明了并购公告对海外市场的绩效会产生积极影响，但当大股东为政府时，并购公告会对海外市场股价表现产生负面影响。这是因为有海外投资者认为，这两种治理模式下公司并购会加剧代理人（大股东）—代理人（中小股东）的困境（Ning et al.，2014）。已有研究关注到中国企业公司治理特征对海外经营决策的影响，发现所有权集中会导致企业出口决策产生代理人—代理人冲突问题。当所有权集中程度较低时，控股股东可能更愿意通过巩固企业业绩增长的战略来提升企业绩效。然而，当所有权集中度相对高，控股股东更可能追求自身利益而消耗小股东的利益（Lu et al.，2009）。

第二节　政治嵌入的概念及其对企业绩效影响

针对本书关心的中国企业跨境并购问题，已有文献对政治嵌入与跨境并购的研究更为有限。我们只能通过梳理政治关联对企业绩效的影响、政治关联与企业国际化的相关文献，进而获得政治嵌入对跨境并购决策影响的一些启示。第二节的文献综述就沿着政治关联的概念及其度量、政治关联对企业绩效的影响、政治关联与政治嵌入的基本概念、政治嵌入对企业绩效的影响四个部分展开回顾。

学术界普遍认为，政治关联是世界范围内普遍存在的一种经济现象。早在1974年Krueger就指明了企业家通过与政府建立关系而获利的现象（Krueger，1974）。知名学者Faccio（2006a）研究了1997—2002年47个调研国家，其中有35个国家的450家企业存在政治关联现象。另一份研究由世界银行和欧洲发展银行1999年发起，在对25个转型经济体国家的调查中发现，企业向政府官员的行贿支出与政府干预的减少具有直接相关性（Hellman，2003）。

除了针对国际样本的统计调查外，已有文献针对新兴经济体的研究显示，政治关联现象广泛存在。泰国的研究显示，在亚洲金融危机前，与政府和银行关系好的企业比一般企业获得了更多的长期贷款，同时仅需要向银行提供更少的抵押资产（Charumilind et al.，2006）。一项面向巴基斯坦的研究表明，政治关联企业的银行贷款数量是非政治关联企业的两倍，而前者的违约概率却是后者的两倍（Mian，2005）。此外，巴西的研究也显示，与一般企业相比，为当选政党提供捐献的企业银行负债比率更高（Claessens，2008）。

在中国，我们也常常看到企业家热衷戴"红帽子"的现象，通过获得政治身份、聘任前任官员等形式寻求企业的政治关联。例如，2005年的胡润排行榜对中国前100名大富豪的"政治地位"进行了专门调研。数据表明：这些富豪中全国人大代表9位、全国政协委员16位，占排行榜总人数的25%（罗党论等，2009a）。关于上市公司的研究也显示：36%以上的中国上市公司具有政治关系（Wu et al.，2012）。

一、政治关联的概念及其度量

在不同的制度环境下，企业或主动或被动地与政府等相关行政部门产生联系，这一政商联系对经营决策、企业绩效产生了一系列影响，学术研究将企业所拥有的这一联系特征定义为政治关联。Faccio（2006a）将政治关联定义为公司与政治人物之间的联系，判断标准为公司的股东或者高管与国会议员、部长、州长或与高层官员有直接联系。国内研究根据国情将政治关联的判断标准进行了一定调整，如果CEO曾任或现任政府部门官员，如担任中央或地方政府、军队的官员，即认为具有政治关联（Fan et al.，2007）。

随着研究的发展，政治关联的定义日渐丰富，一些动态特性也被考虑在内。企业政治行为纳入了政治关联的范畴，企业谋求环境改善而影响政策、法规制定所开展的行为被定义为企业政治行为（田志龙等，2003）。

综合以上观点，政治关联定义应当涵盖静态特征和动态行为两个层面。狭义的政治关联是指企业董事长（或总经理）个人与当地政府、军队、政治人物等所建立的关系。广义的政治关联则指企业与政府等行政机构所建立的各类联系，既包含与当地政府、军队、政治人物等行政要素所建立的关系，也包括与政府建立关系所开展的一系列行为。

通过梳理文献，本书发现政治关联的测度手段日趋精细，呈现出指数化、网络化的特点。我们将政治关联的度量方式分为静态和动态两类，包括董事会（总经理）的政治关联（静态）、董事会的政治关联指数（静态）、公司政治行为（动态）。

（一）静态测量：董事长（总经理）的政治关联

董事会成员的维度主要聚焦于公司高级管理人员，考察他们与各类政府行政机构、政治人物是否建立了联系。政治联系体现为公司的控股股东或企业高管是国会议员、总理，或者与某位政府高官及政党有紧密联系（Faccio，2006a）。法国学者的研究认为，政治关联的标志是公司的 CEO（首席执行官）毕业于精英学校且同时在政府部门任职（Bertrand et al.，2004）。此外，董事长（或总经理）与单一政治事件中的关键人物存在联系也被认为构成政治关联。例如，在印度尼西亚学者的研究中，如果高管与当时的国家政要苏哈托有联系，由于受到苏哈托健康事件的影响，企业股价会出现异常波动（Fisman，2001）。再如，政府官员贪污事件的公布会造成与其存在关联的企业受到负面影响（Fan et al.，2008；Svensson，2003）。

国内研究中，政治关联的测度体现了中国行政管理的特点。一方面，已有研究中考虑了企业与中国各类行政机构的关联。判断的标准包括：是否在政府（或军队）、国有银行任职（潘红波等，2008；余明桂等，2008）；是否担任商业性行业协会的（副）会长、获得劳动模范的称号等政府嘉奖；是否是人大代表、政协委员以及是否是中国共产党党员（罗党论等，2009b）。另一方面，研究认为不同层级的行政机构所产生的政治关联存在差异：中央政府高于地方政府的政治影响力（巫景飞等，2008；游家兴等，2010）；国企高管所对应的行政级别高于地方企业高管（如正县处级、副厅局级）（夏立军等，2011）；先天继承高于后天争取的政治关联（如代表委员类政治关系或政府官员类政治关系）（杜兴强等，2011）。三是高管与官员升迁变化的联系。地方政府任职人员的职务变动所带来的政治不确定性对关联企业的资本支出造成影响，如新任市委书记不熟悉当地企业情况，也会造成政治关联企业与非政治关联企业在经营决策上的差异（徐业坤等，2013）。

后来，政治关联的度量从虚拟变量发展为指数化度量。为了检测政企纽带的强度，已有研究文献将 5 个变量组合形成新的变量。例如，根据公司董事长（总经理）的政府机构职务级别进行打分（夏立军等，2011）。相关文献根据所有高管曾在政府担任的行政级别、担任过人大代表和政协委员的级别，构建了企业政治关系指数，以反映企业的高管政治背景强度的总和（应千伟等，2012）。已有研究文献还测度公司的终极控制人政治关联程度，判断终极控制人及董事会是否有两个以上的董事成员是人大、政协委员或者曾经在政府部门任职，通过这些信息的判断获得企业的政治关联指数（罗党论等，2008）。

由此可见，在政治关联的测度方法上，初期的研究主要集中在董事长或总经理是否具有与政府等政治机构的关系，进行较为简单的虚拟变量赋值，从而判断政治关联属性（即是否具有政治关联）。随着企业信息易得性的提高，近期研究越来越注重对董事长或总经理的政治关联信息的全面评价，对具有政治含义的指标进行赋值，从而体现政治关联强度。

（二）静态测量：董事会的政治关联指数

政治关联被视为政府参与公司治理的一种方式（陈冬华，2003）。董事会作为公司的最高决策主体，对公司经营和企业绩效起关键作用。孤立地考察董事长（或总经理）个人的政治关联水平有失全面。由此，已有研究也开始把董事会成员作为政治关联的观测维度之一。

陈冬华（2003）研究了具有政府部门工作背景的董事，对其现在及曾经的工作经历进行逐一检索，整理获得在中央政府和地方政府任职经历的董事，统计了具有政治关联的董事的人数占董事会总人数的比例。Fan et al（2007）也启用了政治关联董事这一变量，将具有政府工作背景的董事数量作为政治关联属性的一个替代变量。并且，后续的一些国内研究也沿用了这一计量方式（邓建平等，2011；罗党论等，2009a）。

除了董事会，国内研究中还特别关注党组织这一中国独有的公司组织形式。卫武（2006）认为党组织是企业的政治核心。在中国政治体制下，共产党作为中国特色社会主义事业的领导核心，是政府方针政策的制定者。党组织的服务和保障作用必须贯穿、渗透到经营活动的全过程。同时，中国企业经常认真学习、准确掌握、努力宣传党和政府的方针政策和精神，并随时按照政策法令的变动来修正企业的政策和活动，以保证政府政策的贯彻和执行，取得政府信任，营造出良好的政治形象。在这一指导思想下，马连福等（2012）以

2008—2010 年 A 股国有上市公司为样本，将党委会"双向进入、交叉任职"体制为研究对象，检验其对公司治理、董事会效率的影响，发现党委会"双向进入"程度与公司治理水平呈倒"U"形关系。

（三）动态测量：公司政治行为

以上的研究均是对政治关联在静态点上的评估，而企业与政府的互动往往通过某些具体行为才会产生联系。针对这种动态特征，已有研究开始关注企业带有政治目的行为的度量。

已有研究对公司政治行为（Corporate Political Activity，CPA）给出定义。企业通过参与政治市场的交易、对制度环境进行塑造，以控制由资产专有性和合同不完整性所进行的机会主义行为即为公司政治行为（Sawant，2012）。简而言之，公司政治行为是公司与政府建立政治关联的一系列行动安排。公司政治行为的具体形式可以包括资助政治家选举、向政治家行贿（Shleifer，1994），向政府游说，鼓吹性广告、参加政治行动委员会、与政府机构共同工作等（Mcwilliams et al.，2002）。

在西方资助政治选举是相对公开、合法的，并且有专门机构对这类数据进行统计。而在中国这类行为是被严格禁止的，这也造成中国公司的政治行为更加隐蔽、间接和难以观测。例如，已有研究指出中国民营企业通过非正式渠道保持与政府领导人的联系（罗党论等，2009a）。通过对经理人的调研，国内学者整理出关于政治行为的测度体系，其中政府到企业调研等均被列为常见的政治行为（田志龙等，2003；卫武，2006）。

二、政治关联对企业绩效的影响

由于研究政治嵌入对跨境并购的影响的文献非常有限，因此，本章首先回顾政治关联对企业绩效的影响机制，以期为政治嵌入对企业绩效影响这一主题研究获得更多参考和启示。

通过文献整理，本书认为政治关联通过不同的行为模式对企业绩效产生影响，并对企业绩效形成不同的影响效果。政治关联与企业绩效沿着"结构特征—经营行为—企业绩效"（结构—行为—绩效）的路径发生要素间互动。制度环境等外部因素对这组关系产生调节作用，具体路径见图2.1。

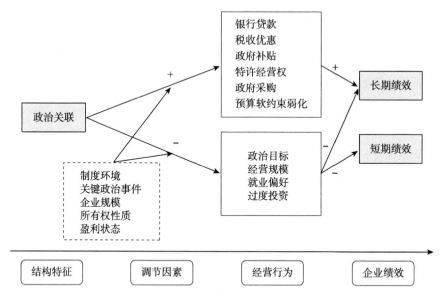

图 2.1　政治关联影响企业绩效的逻辑框架图

资料来源：作者整理。

通过图 2.1 可以看出，已有研究尚未就政治关联对企业绩效的作用效果取得一致结论，两类研究分别为：一是政治关联对企业绩效的正向影响。基于资源基础观，研究认为政治关联可以带来企业经营所需的各类资源，从而提升企业绩效（Leuza，2006）。二是政治关联对企业绩效的负向影响。基于公司治理理论，政治关联可能扭曲企业原有的委托代理关系，企业经营目标等要素受到影响，造成企业绩效下降（Fan et al.，2007；Boubakir，2008）。

（一）政治关联对企业绩效的正向影响

早期研究认为，企业家花费时间和金钱与政府官员建立关系，可以给企业家带来巨大的利益。由于政府干预会影响进口许可证审批、提供巨额且可见的信息租，所以企业的寻租现象将会非常普遍（Krueger，1974）。任何一种干预都会导致企业为了信息租而竞争，寻租的存在必然会导致企业对经济系统产生一定判断。企业与政府建立关联的经营活动形成寻租行为，企业家因此可以获得优于其他企业主的信息租。由于竞争性寻租，如果企业观察到市场没有达到社会认可的目标，那么企业之间会形成政治同盟，因而政府对市场的干预会更加严重，企业便会增加寻租现象以寻求更为深入的政治干预结果。

1. 赋予企业关键资源：银行贷款

已有研究表明，企业的银行贷款等融资渠道被视为企业经营成败的关键。政治资源可以为企业寻找到更为经济的融资渠道，企业相应地获取更多的资金资源。与非政治关联公司相比，政治关联公司可以获得更多的银行贷款（Faccio，2006a）。当企业家进入政界，政治关联显著地促进了企业绩效的增加。随着高管进入政界的层级越高，股价的提升越明显（Faccio et al.，2006b）。Leuza（2006）的研究认为政治关联企业可以获取更多的国内融资，从而减少了国际融资的战略选择。一项关于泰国企业的研究显示，政治关联企业比非政治关联企业确实获得了更多的长期融资。Claessens（2008）认为政治帮助有很多种，在巴西国有银行占主导地位，利率并不具有吸引力，便利的融资渠道无疑是政治帮助中最重要的体现形式。关于中国企业的研究中也支持类似观点，与非政治关联企业相比，政治关联企业可以获得更多的银行贷款和更长的贷款期限（余明桂等，2008）。

2. 赋予企业权利：特许经营权、进入壁垒行业、多元化战略

企业实施战略去影响政府目标来限制他们的竞争对手去使用替代性资源，从而在广泛的情况下赢得可持续竞争力。这种战略聚集于影响政府的法定权利，这比影响政府开展反信任控制更加令竞争对手觉得可信，在美国通常有限制雇用童工、保护美国人工作或者环保法案（Mcwilliams，2002）。

中国民营企业家的政治策略可以有效帮助企业进入高壁垒行业，政治关系对突破管制性壁垒起到了积极的促进作用，从而获得优于一般企业的绩效增长（罗党论等，2009a）。关于万向集团的案例研究表明，民营企业的政治关系是协调与政府沟通的便利手段，可以发挥传递企业质量信号、降低信息不对称的作用，消减了进入特定管制行业壁垒的难度（胡旭阳，2006）。

针对中国上市公司的研究发现，政治关联企业的多元化经营程度比非政治关联企业更为普遍，这为资本市场释放了更为积极的信号，提高了市场对这类企业的绩效预期（张敏等，2009）。企业高管的政治网络可以积极促进企业业务经营和地域多元化的战略发展（巫景飞等，2008）。

3. 政府优惠政策：税收优惠、政府补贴、政府采购、减少预算约束管制

私有企业处于弱制度环境下，并且缺乏与政府之间的关系，聘请有政治关联背景的经理人可以帮助企业克服市场中的制度壁垒，快速寻找到政府的优惠政策（Wu et al.，2012）。

政治关联促进企业获得一些政府直接的政策安排，税收优惠是其中之一。Adhikari（2006）在马来西亚的样本中发现，政治关联可以有效减少企业的负担税率。中国样本的研究也支持类似观点，在所得税税率和实际所得税率两项指标上，有政治关联背景 CEO 的企业比没有政府关联的企业享有更低的税率（Faccio，2006a；吴文峰等，2009）。

另一分支的研究关注了政府补贴的获得。政治关联企业获得更多的银行贷款的原因，可能不是政府直接干预银行信贷政策，而是企业与政府的关联关系为企业提供了一种隐性担保，对银行决策起到了一定的参照作用。在陷入亏损或财务困境时，政治关联企业更可能享受到政府财政补贴，本身就具有政府更高程度的隐性担保（Faccio et al.，2006b）。

更弱的监管约束和法律制裁也是政府优惠政策的体现形式。在中国证券市场政策变革的研究中认为，政策监管者并没有对政治关联强的企业实施这些政策变革，以保护中小投资者利益（Berkman et al.，2010）。

通过以上分析，我们发现政治关联对企业绩效的影响渠道是政府及各类行政机构对企业在资源或权利上的倾斜，这些会作用在企业经营行为上，资源的获得可以在短期内实现更高的市场占有率，并优于非政治关联企业的绩效表现（Faccio，2006a；Fisman，2001）。中国民营企业的政治关系对企业长期价值有显著的正向影响（罗党论等，2009b）。

因此，当企业始终以利润最大化为目标，政治关系为企业提供各种资源、降低政策限制时，提高企业经营自由度，可以为各项提升企业绩效的行为产生积极影响。政治关联在政企互动的经营活动过程中起到了积极作用。

（二）政治关联对企业绩效的负向影响

1. 政治目标与企业目标的博弈

已有研究认为国有企业与民营企业的区别在于政治关联程度不同（张晶

晶，2015）。政治关联体现了政府与企业的关系，也意味着政治家与企业家在经营企业的目的和手段上存在博弈。Shleifer（1994）检验了在政治家试图影响企业实现政治目标的情况下，国有企业和私营企业的行为差异。研究开发政治家与企业家的议价模型，并考虑到国有企业津贴、经理人对政治家的贿赂等问题。研究认为，当企业家实际控制企业时，政治家使用津贴诱导企业追逐政治目标；当政治家实际控制企业时，企业家通过贿赂使得政治家不再要求企业去追逐政治目标。一项针对国有企业与私有企业的组织形式有效性的研究发现，国有企业的财务绩效比私有企业表现更弱，背后原因是：政治家要求国有企业雇用过多劳动力；雇用有政治关联的人而非最合适岗位的人选；放弃利润最大化目标，而去实现社会或政治目标。国有企业的利润剩余不能像私有企业那样能够进行再分配，最终降低企业绩效，这种经营目标上的扭曲造成了国有企业的低效率和盈利不佳的现象（Dewenter et al.，2001）。

在中国上市公司的研究中，已有文献发现政府通过任命有政府任职背景的CEO 对上市公司产生直接影响。具有政治背景的 CEO 更倾向于执行与政府安排相关的战略和决策。相比无政治关联的企业，政治关联企业的股市绩效和企业绩效都更差（Fan et al.，2007）。通过对中国民营企业、中央企业、地方国有企业的经营动机进行比较，已有研究认为民营企业的政治关联更多地以获取资源为目的。资源基础理论认为，政治关联对企业绩效产生积极影响。而中央企业任务是保证国家对行业的控制和对经济命脉的把控，地方国企的任务是增加地方 GDP 和减少地方失业率。从政策负担的角度看，政治目的刺激央企的程度会比地方国企更轻（Wu et al.，2012）。针对地方企业的研究发现，地方政府官员同时是经济参与人和政治参与人的两种角色身份，地方政府官员为了获得晋升会诱导当地开展产业竞赛、开发区建设等竞争（周黎安，2004）。

2. 博弈后的经营行为：扩大就业、就业偏好、过度投资

政府官员型高管（政府委派或最终控制人为地方政府）为了追求个人政治目标的实现（刘芍佳等，2003），相应地会在企业管理决策中通过企业经营行为来实现政治目标。学术研究为这一观点提供了多方证据，例如，国有企业比民营企业绩效弱的原因在于政治家要求公有企业雇用过多劳动力（Dewenter，2001）。当企业受到的政府干预越多，企业的过度投资情况越严重（程仲

鸣等，2008）。官员型高管造成企业内部产生更多的政治成本和代理成本，倾向将资源配置在非生产性活动上，造成资源配置效率的下降（逯东等，2012）。政府干预会减少企业经营行为和经营环境的可预期性，导致权益成本的增加（徐浩萍等，2007）。

以上博弈后的经营行为都对企业绩效带来负面影响，政治关联给短期市场反应带来负面影响。当政治人物出现健康问题，那些与政治人物相关的企业的短期累积异常报酬率（Cumulative Abnormal Return，CAR）会产生波动（Fisman，2001）。此外，政治关联企业的过度投资水平显著高于非政治关联企业，其超额利润也更低（Chen et al.，2011）。一般来讲，国有企业比私有企业效率更低是因为国有企业必须开展更多以政治目标为先的经营行为，在绩效上表现为资产负债率更高且盈利能力更低，并最终导致长期绩效下降（Dewenter，2001）。

通过以上分析，我们看到政治关联降低企业绩效的逻辑核心为：政治关联是否扭曲了企业利益最大化的经营目标并转向服务政治目标。在服务政治目标这一动机下，国有企业不得不因服从政治目标而开展相应的经营行为。民营企业则需要投入更多的精力与政府展开博弈，通过多种途径平衡企业战略与政府目标，但最终的结果是博弈后的经营行为也会损害企业短期和长期利益，进而造成企业绩效的下降。

（三）政治关联与企业绩效关系中的调节因素

已有研究也探讨了多种情景因素对政治关联与企业绩效之间关系所产生的影响。比较有代表性的变量有：制度环境、企业规模、盈利状态、企业性质以及经济周期。其中，制度环境的影响在本章第四节会有系统性综述，本节对其他变量进行回顾。

通过实证研究发现，企业规模在企业高管政治网络与企业业务和地域多元化之间起负向调节作用（巫景飞等，2008）。研究发现，地方政府干预对盈利公司的并购绩效有负面影响，对亏损企业的并购绩效产生正向影响（潘红波等，2008）。

已有文献就企业性质的调节作用进行了探讨，相对央企上市公司，地方政治联系显著地增加了公司过度投资的概率，降低了上市公司的公司价值（杜兴强等，2009）。地方国有企业政治关联程度越强，越会有更高的资本开支和更低的市场价值；而民营政治关联企业则有更高的市场价值、更低的政策负担和资本开支；同时，央企具有更高的资本开支、市场风险和更低的大股东控制程度（Wu et al.，2012）。

在资本市场的表现中，政治依赖程度与政治关键事件敏感度存在一定的关联关系。即一旦关键政治事件的走向发生变化，政治依赖程度高的企业会出现异常的股价波动（Fisman，2001）。另外，已有研究将贪腐案件作为调节变量，研究结果发现，在23件腐败案件发生前，政治关联的上市公司获得更高的银行贷款率和更长的债务期限结构；而腐败事件发生后，这些绩效指标都发生了变化，政治关联企业的银行贷款率更低和债务期限变得更短（Fan et al.，2007）。一项以印度尼西亚企业为样本的研究发现，在国家内部政府更迭的时期，与前一届政府联系紧密的企业很难与新一届政府重新建立起有效的联系，从而导致企业不得不开展跨国融资，并造成企业在新一届政府时期的绩效下降（Leuza，2006）。

三、从政治关联到政治嵌入：政治嵌入的定义及度量

已有管理学研究越来越多地引入社会网络理论的思想，对政治关联的概念进行拓展和延伸。政治嵌入是随着近些年社会学、管理学与经济学跨学科研究的兴起而产生的新型理论视角。"社会网络"指的是社会行动者（Social Actor）及他们之间的关系的集合（Galaskiewicz，2007）。社会网络是多个节点（行动者）和节点之间连线（行动者之间的关系）组成的集合（刘军，2004）。在社会网络研究中，任何一个社会单位或者组织实体都可以被看成是网络中的节点。针对国际化网络研究，一个企业即为一个节点；企业与政府、合作伙伴形成的业务关系，即为网络中"边"的概念。又由于业务关系的不同，关系的性质、强度都会有数值上的差异。个人或企业内部组织（节点）的社会关系是嵌入企业与政府机构的整体网络的，从而体现为不同程度的嵌入程度。引入社会网络理论后，政治关联的主要分析视角有：将其视为社会资本和"关系"（Guanxi）、新的社会嵌入性（即政治嵌入）。

基于社会网络理论，从企业外部看，政治关联起到建立企业与政府、银行、军队等政治机构联结的作用，从而形成企业的政治资本（冯天丽，2010）。高管与政府组织的互动形成了企业与其他组织间的政治网络（巫景飞等，2008）。也有研究认为企业家之所以成为企业家，是因为其较他人有更良好的先赋性社会关系，或者借助于各方面条件构建起了良好的社会关系，企业家的社会关系联结点的特殊性质保证了其经营的成功（石秀印，1998）。政治关联的产生动机来自中国对"关系"依赖的文化传统。由于我国自古以来就有重视关系的文化传统，中国人广泛相信企业经营者的关系网络是其企业成功的重要因素，因此，社会关系网络是经营者和企业的一种重要的社会资本（邓建平等，2011）。

政治嵌入定义为企业与政治人物或者政治机构具有特殊参照关系的一种社会嵌入。企业间制度性嵌入的密度存在显著不同，度量的方法是企业与关键政治机构和人物联结的总数量和强度的总和（Sun et al.，2010）。该定义收入国际化研究领域权威的研究专著《国际商业研究》（*Journal of International Business Studies*）中，并被广泛引用。在不断刻画政治关联网络特征的过程中，国内政治关联领域的研究也引入了"嵌入性"的观点，并认为个体属性中政治关联的特征与企业绩效之间是嵌入性关系（巫景飞等，2008）。Haveman et al（2016）发表在管理学权威期刊《管理科学季刊》（*Administrative Science Quarterly*）中的论文指出，企业通过与政府之间建立双边或多边的社会联系形成政治嵌入，政治嵌入的企业通过获得知识的渠道来降低在经济转型周期中的经营不确定性。这些知识帮助企业与政府协商谈判、理清政策的制定过程、企业理解政府政策。

在政治嵌入的度量上，已有研究还未给出较为权威的定义。已有研究按照企业高管的政治网络和外国政府客户关系资本两种方式进行定义区分。其一，巫景飞等（2008）结合社会学中对个体社会资本的测量方法，构建了企业高管的政治网络。通过将上市公司高管的简历逐一编码，将质化的文字描述转换为量化的分值。度量依照党派网络、地方政府网络、中央政府网络三个维度，对高管进行编码计算，从而得到企业高管的政治网络分值。Haveman et al（2016）运用了类似方法，对高管和董事行政职位高低进行打分，并算出整个董事会的政治网络总分，并将其视为上市公司的政治嵌入。其二，已有研究提出"与外国政府的关系型资本（Foreign Government Relational Capital）"的概念（Hitt et al.，2006），并细化为当年外国政府客户数量、外国政府客户收入、外国政府成为客户的累积年度三个变量，通过主成因分析法构造了"与外国政府的关系型资本"这一新的潜变量。Klopf et al（2018）提出"东道国政治嵌入（Host Country Political Embeddedness）"的概念，运用李克特量表对子公司在东道国客户、供应商和政府机构三个维度进行打分，再通过主成因分析法获得东道国政治嵌入这一潜变量。

基于 Sun et al（2010）的政治嵌入定义和以上已有研究的度量方法，笔者认为本书中跨国并购企业的政治嵌入是一个综合含义的潜变量，应当以现有的信息手段为基础，统计企业在跨国并购过程中关键政治机构和人物联结的总量及强度的总和。

四、政治嵌入对企业绩效的影响

运用社会网络理论探讨政治嵌入对企业绩效的影响，笔者梳理了国内外相关研究文献。国外文献关注以个体为代表的社会关系网络嵌入和以组织为代表的社会资本嵌入，探讨了这两类嵌入形式对组织发展产生的可能影响。代表性研究以非洲加纳企业为样本，探讨了企业经理人的社会资本能否对企业绩效产生影响（Acquaah，2007）。在中国企业经理人社会联系（Social Ties）的研究中，已有研究通过对中国浙江、安徽和深圳等省市127家企业经理人的问卷调查，将社会联系分为两类：与政府官员的联系和与经理人的联系。这项调查验证了两类社会联系都会对企业绩效有显著影响（Peng et al.，2000）。以1987年264家制造类企业为样本的研究发现，对于那些以政府为主要客户的公司，有政治经验的董事具有更为重要的作用和地位（Agrawal et al.，2001）。一项针对韩国1990—1999年1991家上市公司的调研发现，董事的外部社会资本及精英学校（Elite School）网络对企业绩效有正面影响（Kim，2005）。

以组织为代表的社会网络视角的相关研究论证了政治网络的存在以及它在政企互动规则中发挥的作用。Kroszner（1998）聚焦于美国金融企业与特定委员会关系的研究表明，在豪斯银行委员中，金融组织间的关系体现为稠密且不确定性低，并存在竞争关系。这些金融组织为不同委员会的议员提供大量资金开展选举资助，而不在豪斯银行委员会中的议员获得金融组织的资助程度则相对更低。同样，从社会网络视角出发，对 611 名德国联邦议院的议员和 605 家德国上市公司进行调研的结果表明，将有议员关系的企业与无政治关联的企业进行比较发现，企业与议员之间构成了严密的政治关联网络。相比左翼党和绿党，拥有更多议员席位的保守党和自由党更倾向为政治嵌入企业开展工作。政治嵌入企业表现为规模更大、风险更低和市场变化更少，同时，它们有更少的增长机会，却有更好的会计绩效（Niessen，2010）。一项针对韩国企业的研究探讨了政治网络与跨国战略联盟之间的关系，政府具有间接控制生产要素分配的权利。政治嵌入恰恰可以确保跨国联盟获得优惠的市场资源。因此，在新兴市场企业中，政治网络在跨国联盟获得资源渠道的过程中发挥重要作用。例如，政治网络中的企业可以安排贷款、并购先进技术，甚至修订操纵股价的法律案件。韩国企业现状就是伴随网络关系的成长，寻求政府的参与和帮助。一旦企业寻找到在本地确保外部资源的渠道，它们典型的做法就是与外资企业交换外部知识和技能，在跨国联盟的内部与外资企业共享这些资源渠道。外国企业也会故意寻找那些具备特殊资源渠道的当地企业进行合作和建立联盟（Siegel，2007）。

通过以上文献回顾，我们认为中国企业经营是嵌入于社会网络中的，单一的政治关联概念无法满足中国企业跨境并购中所隐含的网络含义。围绕中国企业经营独特属性的研究可以从政治关联拓展到政治嵌入，以转化成含义更为丰富的概念。进一步的研究有必要深入探讨以社会网络理论为基础，政治嵌入对中国企业跨境并购行为、跨境并购企业绩效的影响问题。

第三节　政治嵌入对企业国际化的影响

目前，政治嵌入的研究还主要聚焦于企业长期或短期绩效等因变量的影响，研究企业国际化、特别是跨国并购影响的文献数量相对较少，本章综述政治嵌入对企业国际化的影响。从国际化途径看，企业国际化分为直接对外投资、国际贸易、跨境上市三种形式。直接对外投资又分为跨境并购和绿地投资两种形式。国际贸易是货物的国际市场扩大，对企业战略和行为模式的影响程度低于直接对外投资和跨境上市。因此，本章第一节和第二节主要回顾了政治嵌入对海外上市和直接对外投资的影响，第三节进一步细化本书关注的政治嵌入与跨境并购关系，以帮助探索本研究相关的理论模型。

一、政治嵌入对跨境上市的影响

境外上市是中国企业国际化的初级阶段，是实现资本国际化的有效手段。已有研究较早关注了政治关联对海外上市动机和对上市绩效影响的问题（Chira，2014）。已有研究认为中国国有企业的海外上市首先由政治需求所决定，而非企业出于海外销售成长及规模扩张的考虑。国有企业海外上市拥有更为专业的董事，使用更严谨的会计保守主义，展现了更高的投资效率，并且相比于国内同行，短期上市后的绩效表现更好。研究还发现，政治联系对企业海外上市在投资效率和上市前绩效等方面的企业价值表现产生负向影响（Hung et al.，2008）。Hung et al（2012）研究发现，相比无政治关联的企业，政治关联企业在海外上市后绩效要更差。在海外上市过程中，政治关联企业的管理者具有扩大私有（政治）好处的可能。与私有利益解释一致，相比于国内上市，海外上市的政治关联企业的管理者更有可能受到政治媒体的报道，继而被提升为政府高层领导者。此外，通过检验 83 个在 B 股和 H 股上市的中国公司绩效研究发现，IPO 的收入管理和收入管理形式依赖于企业与政府的关系（Aharony et al.，2000）。林润辉等（2016）以中国 IPO 上市公司为研究对象，从投资者预期的角度，比较了政治关联企业在国内上市和境外上市的企业市值的差异。研究发现，在境外上市的中国企业政治关联对企业绩效产生负面影响，而在国内上市的中国企业，政治关联对企业绩效没有显著的影响。这表明，与国内投资者相比，境外投资者对中国企业的政治关联表现出更为明显的负面预期。

二、政治嵌入对直接对外投资的影响

传统的国际化理论认为，企业开展直接对外投资的动机有两类：一是国际化使企业内化了外部市场的不完美，直到进一步的收益超过了内部化成本；二是企业为委托行为选择地理位置，从而最小化整体运营成本（Buckley et al.，1976）。国际生产折中理论认为，企业直接对外投资的动机分为三类：寻找海外市场的 FDI、寻求效率或降低成本的 FDI、寻求资源型（包括战略性资产）的 FDI（Dunning，1993）。

国际市场进入模式是帮助企业将产品、技术、工艺、管理及其他资源进入其他国外市场的一种规范化的部署决策。跨国企业进入全球市场有三种方式：贸易式、契约式和投资式（Root et al.，1978）。由于国际化的动机不同，企业选择国际化进入的模式也会不同。直接对外投资的模式主要为绿地投资和跨境并购两种。从投资额度和事件数量看，跨境并购已成为主流的直接对外投资形式。

20 世纪 90 年代，来自亚洲的跨国企业，其竞争能力很大程度上得益于本国政府的政策扶持。自加入 WTO 以来，中国政府为加速提升国家整体的国际竞争力，加大了对国有企业直接对外投资的扶植力度。财政补贴、间接的优惠贷款、外汇审批等多种便利措施刺激了国有企业做出国际化决策。凭借特定的政策优势，国有企业表现得实力更为雄厚，也有效地抵消了东道国市场环境的不利因素（Amsden et al.，1994）。

由于中国资本市场的不完美，中国跨国企业的 OFDI（对外直接投资）更倾向于选择自然资源寻求型和战略资产寻求型 FDI（Buckley et al.，2007）。企业的政治嵌入由此可以带来优势，如来自母国的融资成本或资产使用更为经济、母国嵌入性带来的利益，财团式国际化对新兴市场经营方式的熟悉程度，以及处理利益关系的能力，为企业控制东道国当地资源而提供渠道（Hitt，2006）。这种关系网络可以获得关于合理盈利的投资机会的市场信息，从而降低企业投资的商业风险。

由于国内市场的激烈竞争，交易成本是促进企业决定国际化的本质原因。企业会在权衡政治关联和开发国际化的成本之后，自发地制订跨国投资策略。Sawant（2012）的案例研究对企业采取国内政治关联行动（CPA）还是国际化进行了比较分析，其研究表明，为了保护自身的专有资产，电信企业通过与政府寻求帮助建立行业政策。政治环境影响了政治市场的交易成本，企业通过塑造制度环境以控制由资产专有性和契约不完美所带来的机会主义威胁。当法律法规不足以保护产权的时候，国际化成本将提高。企业必须要保证政府的政策能够被执行，不随着时间而有所改变，否则将会产生沉没成本。因此，政治关联行为（CPA）和国际化是互为替代作用的，当 CPA 成本低于国际化，企业更倾向部署 CPA 行动，以此来替代国际化而避免机会主义。在高资产专用性的情况下，与多元主义制度环境相比，身处社团型制度环境中的企业更倾向于国际化而非 CPA 行动（Sawant，2012）。

三、政治嵌入对跨境并购的影响

公司并购是一种独特的公司交易，并购交易本身复杂的特点导致直接或间接的政府干预，政府有机会和动机做出相当强的影响。根据跨境并购的具有关键作用的主体不同，政治嵌入对跨国并购的影响可以从并购企业、并购企业的母国政府、被并购企业和被并购企业的东道国政府四个方面着手分析。

从并购企业的角度看，政治嵌入对跨境并购的影响效果并没有一致的研究结论。一种观点认为，政治嵌入可能引起跨境并购过程中更多的附加成本。前期研究显示，政治关联企业更容易获得银行融资（Claessens，2008）。简便的金融渠道成为企业进行盲目的跨境并购的决定要素，这类似于自由现金流的代理问题。拥有大量未使用的融资和大规模自由现金流的经理人往往会做出盲目的投资行为，表现为低利润的并购行为（Jensen，1986）。拥有更大借款权利的政治关联企业更容易发起破坏企业绩效增加的并购（Brockman et al.，2013）。此外，政治嵌入可能削弱跨国并购所带来的负面影响。一项针对 22 个国家的跨境交易研究认为，政治关联企业的并购活动越活跃，政治关联对并购后的绩效越起到显著负向影响。关于国内并购与跨国并购的比较研究认为，政治寻租是不良并购的主要原因。国内官员很少能够容忍并购其他国家破产企业对本国企业造成不理想后果。官员更可能会去干扰并购企业，以限制它们的跨境收购，而较少限制国内并购。由此，与仅开展国内并购的企业相比，跨国并购企业的绩效会更好（Brockman，2013）。

被收购企业的政治关联程度会影响并购后整体的绩效。已有文献考察了美国私营企业的情况发现，跨境并购对于收购方来说，从股票价格到经营绩效的指标，国有企业被视为是获得更多政府保护措施而竞争力更低的组织，收购后的国有企业最终的上市绩效明显比非国有企业更差（Jory，2014）。

并购企业母国政府会鼓励政治关联企业并购，同时又限制一些非政治嵌入企业的行为，以建立或保护"国家冠军"的地位。已有文献指出由政府控股的收购企业，其跨国并购业务正在增加（Karolyi，2009）。东道国政府会对政治关联企业的跨国并购设置更为宽松的限制。例如，在相关业务并购中，政府可能对政治关联企业提供更为宽松的标准；与非政治关联企业相比，政治关联企业可能间接地获得敏感信息的渠道，这些举措有可能从表面上为政治关联企业的跨境并购绩效带来积极影响。

被并购企业的东道国政府由于担心当地员工失业和政治敏感的问题，会干预外国企业的跨境并购交易。已有研究指出，东道国政府有足够的权利去影响一项并购交易的结果。与非政治关联企业相比，由于政府具有干预并购结果的能力，政治关联企业的并购更加可能被操控（Brockman，2013）。此外，由于并购企业可能存在的政治背景，东道国政府在审批跨境并购交易过程中会加强政治审查，甚至因政治关联的原因而否决整个交易（Peng，2012）。从跨境并购的案例上看，中国国有企业也往往会面临这样的困境。Klopf et al（2018）运用社会网络理论关注东道国政治嵌入对海外子公司业务的影响，实证研究表明东道国政治嵌入可以帮助子公司获得本地经营所需的知识、理解当地规则和政治环境以及获得进入当地网络的渠道；东道国政治嵌入会减弱子公司对母公司支持的需求。

第四节　制度环境对政治嵌入与跨境并购关系的影响

本节对制度环境对政治嵌入与跨境并购关系的调节作用进行了系统回顾。

一、制度环境的概念与分类

（一）制度环境的概念

制度通过社会博弈规则去规范组织的经济活动（North，1990）。制度与组织之间的互动塑造了经济活动。制度环境会随着国别与时间发生变化（Scott，2005）。越来越多的研究开始关注制度在跨国层面的结构和过程差异（Antal，2003；Smets et al.，2012）。制度理论认为组织是嵌入制度环境中的。制度环境会影响、约束甚至是支配组织和个人的行为（Williamson，1991）。良好的制度环境能够促进信息更加畅通地流动，从而保证市场机制的健康运行（Mcmillan，2003）。

一般地，广义的制度含义为：①制度化的行为；②在社群或社会生活中的习俗、实践、关系或行为模式；③与具体地点、位置或功能的长期非正式联系；④已建立起的组织或基础，如教育、公共服务或文化（Gao，2008）。狭义的制度定义为人与人之间的固有关系的集合，包括人们的权利、向他人行使权利、优先权或关系（Schmid，1972）。

制度体现为正式的法律法规和非正式的行为编码，它们共同组成了特殊博弈的运行规则集合（North，1990）。制度定义了支撑一个稳定系统所需要的情况和限制条件，规范了支持已有价值模式一致性的社会关系，并且保持了这些价值模式的内部一致性（Oberman，1993）。制度限制了集体规范和信念，粘结了规则和规范，形成看不见的压力（Oliver，1991）。在管理学的研究中，我们通常探讨的是狭义的制度对组织行为所产生的影响。

制度环境不是一个简单的参数，而是国家内部、国家间和国际系统所互相依赖的结构和系统的丰富集合。在国际商务领域知名期刊《国际商业研究》（*Journal of International Business Studies*）上，期刊编辑总结了已有文章具体探讨的制度形式，涵盖国家创新体系、法律系统、投资者保护程度、规范性制度、正式制度和非正式制度、自由市场经济和计划经济、自由经济体的制度不平衡（Eden，2010）。

（二）制度环境的分类：二分法和三分法

1. 二分法：正式制度与非正式制度

已有研究认为制度分为正式制度和非正式制度两种。正式制度包括政治规则、经济规律、契约等规则形式。非正式制度包括基于构念的编码、行为的规范、风俗习惯等，它们嵌入于社会文化及思想意识。当正式制度失效时，非正式制度则发挥作用。制度被认为是一组社会博弈规则，在思想意识上约束人们的互动行为。所有制度都是因人的存在而产生和改变，因此任何制度理论必须基于人的行为（North，1990）。

在社会中，制度的主要作用是理解人际互动、建立稳定结构以减少不确定性，人际互动是基于选择的。决策是因为对收益的客观感知而做出的成本收益判断。人们在信息不对称的情况下做出选择，并且组合的制度变化会导致无意识的结果，这些结果可能不会导致组织利润最大化的最优选择。

已有研究认为，好的制度会同时实现支持私有契约，并抑制政府或其他政治力量掠夺的双重作用。一个社会情景下的制度应当确保长期的经济增长、投资率、金融发展，以共同整合合同制度和产权制度（Acemoglu，2003）。

2. 二分法：基于规则和基于关系的制度

Mike Peng（2003）关注了各国所发生的制度变迁问题。他认为新兴市场的崛起本质上代表了这些社会内部的正式和非正式交易规则正在发生转变。他按照社会交易结构和治理规则的不同，将制度环境划分为基于关系（Relation-ship－based）和基于规则（Rule－based）两种（Peng，2003）。其中，基于关系的制度环境体现为以网络为中心战略，是基于人际的交易结构；基于规则的制度环境表现为以市场为核心战略的非人际的交易结构。新兴市场的变革本质上是从基于关系的治理结构向基于规则的治理结构的转变。

同年，也有学者发表了类似观点，并对两个概念进行了深化。首先，明确区分这两个概念的范畴，关注组织行为中具体权利为实施机制—合同化治理，以及公司治理。其次，研究给出了概念定义（见表2.1）。基于规则的治理系统，大多数交易是基于非人际的、显性的，交易状态可以部分地表明合同执行。基于关系的治理系统是通过收集行动机制，在一个检查与平衡相互校验的圈子中建立起来的（Li，2003）。

表 2.1　基于规则和基于关系的治理的定义区别

	基于规则的治理	基于关系的治理
信息来源	公开信息	当地私有信息
交易成本	总量固定的大额交易成本	少量固定成本
管理成本	新增合同进行协商所产生的管理成本	巨额管理成本；规则公开程度低；每笔交易对交易伙伴进行一对一的筛选、检测和监控
控制	显性	隐性、锁定个人、不可交易和变更
协议	互为观测协议的子集	所有协议均为互相可观测
平均成本	更大	更小（合作伙伴有限；市场有限）

3. 三分法：规则、规范和常识

在整合社会学、管理学和行为经济学的基础上，已有文献认为制度安排是影响组织和个人行为的细微的前置要素，并进一步影响组织和个人做出行为决策（North，1990；Oberman，1993）。一个国家或社会在多个维度上的制度安排对个人和组织会产生持续影响（Oliver，1991）。

制度安排包括规制（Rules）、规范（Norms）和认知（Cognitive）三种形式，并假设它们组成了合适的行为（Scott，2005）。第一，规制指正式的法律系统，是被国家强制执行的机制；第二，规范是指追随价值体系的合规行为；第三，认知是指那些来自社会内部的参与人之间约定俗成的信念和价值观（Powell，1983）。这三个层面的制度安排组成了相关但又截然不同的合法性基础。

4. 三分法："无形之手""支持之手"和"掠夺之手"

20 世纪 90 年代初期，Frye 等探讨了在东欧共产主义国家开始逐渐实行私有制的时期，为何在相似的改革计划下，俄罗斯企业家的反响比波兰更弱。他们还研究了法院处理商业纠纷的有效性，从法律法规的私下执行，贪污问题，地方政府对小型商业的干预、影响或帮助，法律脆弱性这四方面进行了比较分析。这一分析框架进一步延伸至其他国家，学界将政府对经济活动的参与程度概况为"无形之手""支持之手"和"掠夺之手"三类制度环境（Frye，1996）。

"无形之手"体现为政府有效组织、普遍不贪污、相对多善举、限制政府自身的公共权利。例如，合同强制条例、法律法规和大部分配置决策权让渡给私有部门。"无形之手"限制政府提供有限的公共物品，企业主动寻求政治关联的动机会大大减弱。"支持之手"表现为"大政府"形式，政府推动私有企业行为，支持或者关闭一些企业，参与产业政策，与企业家拥有很紧密的经济关系，代表国家有中国、韩国、新加坡。在"掠夺之手"中，政府扮演着企业经营决策干预者的角色，组织效率低，众多独立的政府官员追求自己的政绩，甚至向企业索贿，文中认为较为典型的国家是俄罗斯（Frye，1996）。

二、制度环境对政治嵌入的影响

正是由于各国（或地区）间制度环境的成熟程度存在差异，政府与商业组织的互动关系也由此产生不同。在低制度水平的国家，受到政治干扰的商业活动可能会更多（Shleifer，1994）。在产权保护水平低、政治掠夺严重的国家，精英阶层始终维持较低的收入水平。投资回报率低，也相应地造成这类国家的资本市场欠发达（Acemoglu，2003）。在腐败严重、外资限制进入和制度不透明的国家，拥有政治关系的企业更为普遍。在腐败程度较高的国家或地区，政治关系对企业绩效的提升作用更强（Faccio，2006a）。

与之相反，在制度环境发展水平较高的国家，政府干预企业的行为会受到约束。而在制度环境不健全的转轨国家中，企业向政府官员的行贿支持对减少政府干预有着显著影响（Wu et al.，2012）。因此，一个国家拥有健全的法律体系将会展示出法律的公平、更透明的政府行为、更严谨的政策。政治家被严格监管以避免滥用权力，防止利用公共资源去追求个人利益。当一个国家贪腐水平高，企业会经常贿赂政治家，以便克服管理和监管上的壁垒。同时，由于政府的过剩监管，政治家通常有机会通过索贿而分享部分经济租（Brockman et al.，2013）。

已有研究发现不同制度环境对政治关系网络的影响不同，将企业与商业组织和政府机构的联系定义为"关系"，不发达地区的企业更愿意与商业组织和政府机关建立关系。随着市场化导向程度的加强，企业更愿意利用关系网络，不同地区内制度环境对企业追求关系动机的程度存在差异（Park et al.，2001）。在国家制度环境背景下，在发达经济体中，与政治人物和规则实体所建立的联系对企业绩效产生积极影响（Hillman，2005）。

而在中国这类发展中或转型经济体中，政治网络的价值更加富有争议。政府控制着广泛的金融和制度资源，并具有一定的掠夺倾向（Sun et al.，2010）。在中国制度环境的评述中，一些中国地方政府及其官员会干预当地司法独立运行，相对而言法律实施的效果较差，中国投资者法律保护水平普遍较低（Allen，2005）。在这一环境下，为了保护产权及契约以避免受影响，企业会利用各种正式或非正式机制开展政治关联。也是因为正式制度与非正式制度是相互依存、相互补充的，正式制度的作用必须获得非正式制度的辅助。同样，非正式制度也需要依赖正式制度的支撑才能发挥作用。当制度环境越健全，法律法规等正式制度的执行越有效，那么，作为正式制度替代的政治关联程度也就越低。与之相反，制度环境越不健全，政治关联替代正式制度所起到的作用越大，企业寻求政治关联的动机也就越强。企业的政治关联是非正式制度在企业经营中的具体表现（罗党论等，2009b）。

由于我国地区间制度发展不均衡，很多研究探讨了地方政府（地区）制度环境对政治关联与企业绩效关系所起到的调节作用。在金融发展越落后、法制水平越低的地区，政治关联所发挥的作用就越大。在商品、劳动力和资本市场发展水平越高的地区，企业家寻求政治关联的意愿就越弱（冯天丽等，2009）。在正式制度作用失灵的情况下，政治关联形成了替代性的非正式制度，可以帮助企业获取更多的关键资源。例如，银行贷款在短期内缓解了企业资金压力（余明桂等，2008）。另有研究解释，制度环境对企业的内部契约安排及其效率有重要影响。在市场化程度较低、政府干预较多以及法制水平较差的地区，政治关联与股价存在正向同步关系；而在其他地区，这一关系并不显著（唐松等，2011）。随着地区制度水平的提升、法律健全程度的提高和政府干预程度的降低，政治关联对企业绩效的负面影响就会减弱（邓建平等，2009）。在不完善的制度环境之下，主动寻求政治关联的企业以及追逐政治关联企业，其竞争力呈现下降趋势（杨其静，2011）。杨其静认为，在一个经济体中，当政府掌控了大量资源，且具有处置权，法律对知识产权的保护不力或者企业自身能力不足，由于较低的经济发展水平，大多数消费者偏好选择低价格的商品而不看重高价格的商品。于是，企业普遍地热衷于与政府搞政治关联，甚至将其作为占优的策略选择。潘红波（2011）关注了不同地区的政治干预对国内企业异地并购的影响，这对我们研究跨国并购中理解政府的作用也会有一定启示。基于制度环境"支持之手"的观点，地方政府对地方国企的支持具有很强的地域特性。为了完成政治晋升的考核指标，地方政府拥有强烈的动机去支持本地的地方国企。然而，地方政府的支持存在地域性特点，异地并购会造成所提供的资源支持或政策优惠失效。实证结果支持这一假设，地方政府在地方国企异地并购后获得的资源支持会减少，这会造成企业负面的绩效结果（潘红波等，2011）。

因此，对中国企业政治关联的研究，已有文献还主要集中于一个国家内部、地区间制度环境差异的比较分析。而针对跨国并购的情景，我们必须拓展国家间以及国家内外部制度因素是否使政治关联对企业跨国并购行为及企业绩效的影响产生了差异。

三、制度环境对直接对外投资的影响

在不同的市场中，企业会面临不同的治理关系。融资、商业运营的机制、控制资源和资产的方式都受到东道国制度的限制。跨国集团要在多个市场控制诸多资源，因此会与当地政府、供应商、客户建立合作关系，这些都区别于母国治理结构的制度安排。在一个市场上的复杂的竞争关系不能复制到另一个国家，企业难以适应另一个竞争环境。由此，海外经营决策需要依赖于当地关系之上的治理和协调机制（Todeva，2005）。已有研究表明国家间不同的法律和政治制度是影响跨境并购业务的重要因素。国际化研究认为多种国家特性对解释跨国并购业务流动产生了重要影响。制度的不同体现形式区分为制度质量、治理水平（Brockman et al.，2013；Weitzel et al.，2006）、文化特征（Ahern，2012；Chakrabarti，2009）、货币及证券市场估值（Erel，2012）等因素。

已有研究指出，以单一国家为参照系去考量制度对国际化业务的影响，这类研究缺乏全面性和指导意义（Hoorn et al.，2016）。为了构建系统的跨国企业制度环境的研究框架，我们从东道国制度环境、母国制度环境及两国间制度距离三个角度去梳理已有研究。

东道国制度环境对直接对外投资产生影响，海外经营决策依赖于东道国当地关系上的治理和协调机制（Todeva，2005）。比较有代表性的研究有：①在法律系统健全、腐败程度低的国家，与无政治关联的并购企业相比，具有政治关联的并购方企业绩效更低。与之相反，在法律系统薄弱、腐败程度高的国家，政治关联买家的绩效表现会高于无政治关联的企业（Brockman，2013）。②东道国人力资源法案，Alimov（2015）探索性地将国家层面人力保护规定视作人力资源法律变化的外生变量，并发现这些规定在跨国并购活动中扮演着重要角色。1991—2009 年，收紧雇佣法案的国家吸引了更多跨国并购者，特别

是那些来自灵活宽松雇佣法案的国家的企业。③东道国的经济自由度指数也是开展跨境并购的企业的考虑因素之一。当目标东道国经济自由程度越高，国有并购企业获得的绩效越差。在监管严格的经济环境中，买方经理人更容易努力工作去创造更多价值，而在弱的法律和经济环境下，买方企业与政府的联系限制了更多财富的创造与产生（Jory，2014）。④东道国的资源丰富程度。以中国和印度为样本，研究发现中印企业的并购行为更愿意选取两类行业，即在制度落后、资源丰富国家的采矿行业和在制度质量高且战略资源丰富的高科技产业（Beule et al.，2012）。⑤东道国的社会网络环境。东道国网络对直接对外投资所产生的信息不对称具有一定的缓解作用。与当地供应商、客户的合作关系网络促进了信息分享和避免合同纠纷，从而可能减轻信息不对称和国际化战略带来的风险，并因此影响治理战略关系（Filatotchev et al.，2007）。Blumentritt（2002）认为海外子公司在东道国的政治活动对集团能力整合起到显著影响。Andersson（2007）认为子公司在当地商业网络的嵌入性对未来子公司技术嵌入性、子公司预期绩效以及子公司对总公司的发展重要性都产生影响。

母国制度环境对直接对外投资的影响，笔者从以下几个方面进行阐述。①母国政策引导：母国制度压力是中国企业所接受的来自政府的行政安排或政策调控，而且左右着跨境并购的意愿，形成并购企业参与国际经营的原始动机（Buckley，2007）。为了实现增强国际影响的目标，政府会推行若干政策干预企业的 FDI 决策。这些政策包括低融资、税收优惠、补贴等不同程度的让步。新兴跨国企业可能在跨国并购中获得自然资源的渠道，建立国际知名品牌的声誉（Ferreira，2014）。也有研究证实政治自由度对推进政治嵌入企业的 OFDI 产生积极作用（Buckley et al.，2007）。②母国制度缺陷：母国制度缺陷或自身能力的弥补和平衡也是企业跨境并购的动机之一。Blonigen et al（2014）指出一些企业专门并购那些具有高生产力、高技能、近期正在遭遇高产能的负面影响的当地目标企业，以获得竞争优势。③母国产业竞争程度：面对竞争，国内企业为了保持资产所有权优势，向海外市场进行扩张、开发新市场（Yiu，2007）。以中国为例，企业追求 OFDI 是为了避免在单一国内市场经营所导致的诸多竞争劣势（Child，2005）。因此，母国市场竞争促进了企业寻找海外市场机会的动机。通过海外竞争，企业可以获取知识，满足战略需求和在别国增强竞争实力的利益。

两国间制度距离对直接对外投资的影响。Dikova et al（2010）探讨了两国间正式制度与非正式制度是否会影响跨国并购的完成。他将制度距离分为权利距离（非正式制度）、规避不确定性的距离（非正式制度）、风险规避的距离（正式制度）、程序复杂度的距离（正式制度）四类，分别检验了它们对跨国并购的完成度和并购交易周期的影响。Geppert（2011）从公司治理视角出发，认为代理人的国际化行为同时受到母国和东道国的制度压力。跨国企业的子公司受到总部协同架构的影响，这种协同结构是为了满足母国制度和东道国制度在灵活性和合作性方面的要求。Pablo（2009）对拉美区域跨国并购的研究发现，被并购标的国家如果具有一个更好的经济、友好的商业氛围，跨国并购的可能性会增加。而并购方国家的产权保护水平越低，并购交易的可能性就越低。

以上研究主要集中探讨相对成熟的经济体的对外投资问题。新兴市场企业的国际化扩张作为具有独特制度特质的现象也逐渐被学术界关注。已有文献认为新兴市场国家的政策、经济自由度在提升，允许海外企业到新兴市场进行投资，也造成开放海外投资的行业竞争程度加大。国内企业面对竞争，为了保持资产所有权优势，向海外市场进行扩张、开发新市场（Yiu，2007）。中国企业的 OFDI 行为是为了避免在国内市场经营的诸多竞争劣势（Child，2005）。因此，母国市场竞争促进了企业形成寻找海外市场机会的动机。通过海外竞争，企业可以获取知识，满足了战略需求和在别国增强竞争实力的利益。一项针对印度企业的研究认为，有形资产和无形资产都难以通过市场交易和实践在国家内部发展起来，国际并购有利于这两类资产的国际化。因此，新兴市场企业将跨境并购视作价值创造的重要战略组成。当被并购企业处于高经济发展水平和良好制度环境下，跨境并购创造的价值会更高。这意味着并购企业愿意做出更高质量的承诺，由此可以更显著地增强新兴市场企业的现有能力（Gubbi，2010）。

第五节　总结与评述

一、研究总结

政治关联反映了政府与企业博弈共生的结果。从政治关联影响企业绩效的渠道看，基于资源理论，政治关联企业为获得外部资源并形成竞争优势，加深了企业在外部政治网络中的嵌入性。而基于公司治理理论，政治关联是政府嵌入公司经营的治理形式，会扭曲企业原有的利润最大化的经营目标，影响经营决策向政府利益倾斜，最终形成政府对企业的政治干预。

中国企业经营是嵌入社会网络情景中的，单一的政治关联的概念无法满足中国企业跨境并购中所隐含的网络特征，研究应当从政治关联拓展到政治嵌入这一更为丰富的概念。因此，本书在政治关联领域研究的基础上，借用社会网络理论，运用政治嵌入这一概念，试图探讨政治嵌入对中国企业跨境并购行为、对跨境并购企业绩效影响的问题。

二、现有研究不足

现有的研究虽然开始关注政治嵌入与跨境并购两者之间的关系问题，但对内在机理仍缺乏充分的解释，存在以下不足。

1. 基于社会网络理论视角的政治嵌入研究不足

已有政治嵌入的研究多引用资源基础观的视角，而基于公司治理和社会网络视角的研究不足。已有研究常常引用资源基础观的观点，认为政治关联为企业带来了独有的资源。然而，这一解释无法突出中国的特殊情景。对中国企业而言，政治关联发挥了社会网络作用，而这一视角的研究才刚刚开始（巫景飞，2008），还缺乏进一步的理论构建及实证支持。

此外，已有研究往往对政治关联变量的测度较为简单，一般采用一到两个虚拟变量即完成对政治关联的刻画，如高管是否存在政治关联等。然而，实践中，政治关联的形式存在多种维度。例如，董事会的政治关联比例、董事会成员拥有海外政治关联的程度等，都可以反映政治要素参与公司治理的测度变量。已有研究受到统计局限性，无法对政治关联进行全面测度，有必要运用社会网络理论丰富政治嵌入的概念和度量。

2. 政治嵌入对并购业务的研究中，仍聚集于企业绩效，对跨境并购的决策和行为研究不足

虽然关于政治关联对企业绩效影响的问题已有文献开展了大量研究（Faccio，2006a；Fisman，2001；Ovtchinnikov et al.，2012；罗党论等，2009b），但是在特定渠道上，企业如何通过政治关联获得经济利益或者产生成本的问题仍然未能获得清晰结论。特别是在跨境并购领域中，政治关联与跨境并购的研究数量仍稍显不足（张晶晶，2015），没有获得确切的结论。

此外，已有研究往往聚焦于政治嵌入影响跨境并购的企业绩效层面，而对跨境并购行为影响决策的关注较少。现有研究中 Brockman（2013）和杨晶晶（2015）关注了政治关联与跨境并购绩效的问题，选用了股价异动、资产利润率等传统的企业绩效的度量指标。但是，对政治嵌入如何影响跨境并购企业绩效的内在机理缺乏进一步的探索，有必要开展政治嵌入如何影响跨境并购行为特征的研究。

3. 在政治嵌入影响中国企业国际化的研究中，考虑公司治理因素影响的研究很少

通过文献回顾，我们可以发现，跨境并购的决策受到公司治理要素的影响。然而，已有研究对公司治理要素影响跨境并购行为的探讨尚显不足。FDI战略依赖于企业处理信息不对称的能力，也依赖于处理与海外投资人的潜在代理风险的能力（Filatotchev et al.，2011）。有必要从治理理论视角，剖析政治嵌入塑造公司治理的过程，以及治理结构影响跨境并购决策的逻辑关系和作用机制。

4. 已有研究对发达经济体的研究多，但对中国等新兴市场经济体的研究较少

已有研究多面向跨国企业在中国的政治关联 FDI，也集中探讨过美国等发达经济体 OFDI 的现象。中国企业"走出去"开展直接对外投资的时间尚短，这一现象的研究仍然有限。代表性研究 Brockman（2013）选用了 22 个国家的跨境并购事件作为研究对象，揭示了政治关联对跨境并购企业绩效存在影响的

规律。但是，研究样本中主要为发达经济体国家，尚无中国企业的数据。

5. 研究情景仍局限在一国之内，不同投资国的制度环境因素考虑较少

已有文献逐渐重视制度环境对政治嵌入影响的不同作用结果，但仍局限于刻画企业经营所在母国（或地区）的政治或经济水平（如樊纲指数）。在跨境并购的研究情景中，考虑制度环境影响的文献仍为数很少。

同时，制度环境的刻画还往往局限于一国情景之下。针对跨境并购问题，政治关联不单是受到母国的影响，还有可能受到东道国的影响。在实践中，政治关联强的企业在本国经营可谓无往不利，但是政治关联恰恰造成了东道国对企业的芥蒂，东道国可能担心跨境并购的业务不单是经济行为，而有可能具有某种政治倾向。例如，Brockman（2013）的研究强调了投资国本国的法律强度和贪腐水平的制度要素在政治关联和并购决策中的影响，但没有在更为全面的母国与东道国制度环境的综合框架下进行考量。

基于以上对研究不足的分析，本书整合公司治理理论、社会网络理论，以中国企业跨境并购事件为对象，探讨在跨境并购决策过程中，政治嵌入对跨境并购行为影响的逻辑关系。同时，经过实证验证，探讨政治嵌入、公司治理对跨境并购企业绩效可能存在的作用关系，以及公司治理在政治嵌入与直接对外投资决策的关系中可能存在的中介作用。在此研究基础上，进一步引入制度环境，构建母国制度压力和东道国制度距离的分析框架，探讨制度因素是否在政治嵌入与跨境并购决策的关系中起到调节作用。通过以上分析，在完善现有研究不足的基础上，本书将构建完整的制度环境分析框架，探讨中国企业政治嵌入对跨境并购影响的问题，为以中国为代表的新兴市场经济体企业提供有效的管理决策参考。

第三章 理论分析及研究模型

本章在文献综述的基础上，利用社会网络和公司治理理论分析政治嵌入对中国企业跨境并购行为的影响机理。从理论视角，提炼要素间的影响渠道，构建政治嵌入、公司治理对中国企业跨境并购影响的总体理论框架。

首先从中国企业跨境并购的实际问题出发，在理论研究的基础上，对政治嵌入、跨国公司治理和直接对外投资决策等核心问题进行界定，构建理论框架。其次，基于社会网络和委托代理理论，分析政治嵌入与公司治理要素对跨境并购决策的影响，进而分析公司治理对中国企业跨境并购决策的作用机制，以及制度环境在其中的调节作用；最后，加入时间维度，揭示中国企业跨境并购决策形成的内在模式和演进机理。

第一节 理论分析

一、关键概念的厘定和逻辑模型的建立

首先对直接影响对外投资的关键要素进行梳理，明确核心概念的范围，刻画中国企业公司治理、政治嵌入、制度环境对直接对外投资决策产生影响的互动关系（参见图3.1），对政治嵌入、跨国公司治理和直接对外投资决策三个关键概念进行重新界定。在此基础上，设计关键概念的度量方法。

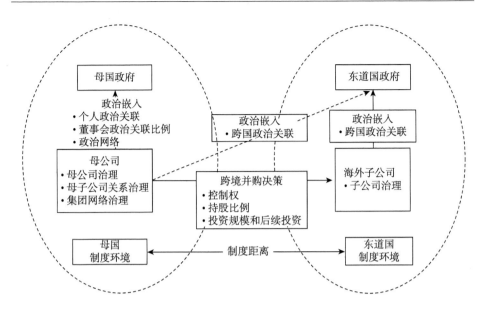

图 3.1 关键概念的逻辑模型

跨国公司治理是跨国公司的治理结构，由于跨国公司同时具有集团化和跨越国界的特点，跨国公司治理包括两大特征：其一为公司治理结构层叠化，其二为利益相关者扩大化。首先跨国公司治理是一种集团治理，存在母公司治理问题和跨国公司母公司与子公司之间的治理问题；其次，跨国公司治理是一种跨越国界的治理理论，伴随着国界的跨越，随之而来有更多的利益相关者问题。

跨国公司治理的本质特征在于复合型的公司治理，跨国分层治理反映在公司治理对象上发生了变化。从治理对象上看，跨国治理应包含四个层次：母公司层面的治理、子公司层面的治理、母子公司关系的治理和跨国集团网络治理。跨国治理主要涉及东道国、母国、母公司、子公司以及合作企业等多个利益相关者基于公司治理的动态交互作用，呈现出与国内公司治理不同的特征，其实质是一种网络组织治理。

政治嵌入是企业与政治人物或者政治机构具有特殊参照关系的一种社会嵌入。企业间制度性嵌入的密度存在显著不同，度量的方法是企业与关键政治机构和人物连接的总数量和强度的总和（Sun et al.，2010）。其中，在跨国投资背景下，一些企业还会衍生出跨国政治关联。企业设计跨国政治关联策略来获得海外市场信息，以克服外来者劣势（Sojli，2017）。政治嵌入的度量应考虑参照已有文献中政治关联的度量方式，汇总企业与政府建立联系的多种观测形式，如董事长（总经理）个人政治关联（Faccio，2006）、董事会政治背景成员比例（罗党论，2009）、跨国政治关联（Sojli，2017）和政治网络（巫景飞等，2008）。

跨境并购决策是指企业在跨境并购过程中所做出的决策选择，包括海外资产控制权、海外子公司股权比例、海外投资规模和后续投资，这些体现了企业对当地投资的承诺。当跨境并购所拥有的控制权越多、子公司持股比例越高、投资规模越大时，母公司越愿意选择高承诺形式开展跨境投资业务，这类高承诺的投资形式也意味着企业将面临更多风险。

二、政治嵌入对跨境并购决策影响的治理视角

政治嵌入是企业与政府之间建立的联系，是一种外部治理手段。跨国公司治理更关注的是母公司内部治理结构、母子公司之间治理结构，治理结构的质量影响着跨境并购决策的方向和程度，这是一种内部治理手段。因此，政治嵌入作为外部治理手段，通过经理人偏好、所有权、利益相关者等渠道对企业行为决策产生影响，并具体作用于跨境并购等组织行为。

代理人理论指出经理人可以从国际多元化中获得私人利益，因此即使减少股东财富，经理人也愿意追求国际多元化。企业国际化程度是一个复杂的决策变量，FDI 战略依赖于企业处理信息不对称的管理能力以及与海外投资人之间的潜在代理风险。FDI 业务要求高密度的交易信息，发生的频率低、周期长，这些情况可能会导致代理问题。代理框架与逆向选择、道德风险、滞留问题等困难有关，因此 FDI 决策依赖于跨国企业的治理特征（Filatotchev et al.，2011）。

已有政治嵌入领域的研究将企业所有权视作企业拥有政治嵌入程度不同的表现形式（张晶晶，2015）。一般认为，国有企业的政治嵌入强度要高于民营企业（应千伟等，2012）。中央国资委政治嵌入所带来的资源支持会大于地方国资委下属企业（刘芍佳等，2003）。国有企业与民营企业的高管任命截然不同，也造成了不同的董事会结构和治理风格。Fan et al（2007）认为董事会结构反映了企业管理质量和管理决策平衡后的多重信息。资本市场的投资者保护

水平等制度环境影响着企业的监管和专业化程度。中国对私有企业的产权保护规定导致董事会形成了政府影响强、治理弱、专业化低的特征。由政府指派的具有政治嵌入背景的 CEO，他们也会聘请更多政治嵌入特征的、更少商业经验或较低专业水平的董事。这是因为政治嵌入的 CEO 需要给董事会布置实施他们的政策和目标，而非政治嵌入的专家或者代表股东利益的董事有可能抵触政治性质的目标。

同时，国内研究也验证了类似的结论。对于国有企业，高管任命往往体现出政府意志，对其考核糅合了很多非经济的政治因素；对于民营企业，公司经营好坏直接影响到民营企业家的个人财富（游家兴等，2010）。所有权在中国国有企业和私营企业的并购在长短期绩效上存在差异。在长期股价表现和经营绩效上，国有企业高于私有企业，这是因为政治关联带来高收益抵消了所有制导致的低效率，从而实现了更高的整体绩效表现（Zhou et al.，2015）。

与政府的关系对公司活动的合法性至关重要，由此也影响着企业与所有利益相关者之间的关系（Todeva，2005）。中国证券市场的政策变革分为三个阶段，随着中小股东的重视程度提高，公司治理水平和政治嵌入在促进市场股价的表现上也发生变化。在新政策公告临近时间段，治理经验差的公司的股价异常波动水平更高；拥有更强政治嵌入的企业并没有在政策变革中获得更高收益（Berkman，2010）。为了实现合法性，企业通常会通过聘用前政府官员出任公司董事来应对来自政府的不确定性。在政府管制程度高的行业，前政府官员担任董事的情况显著高于政府管制程度低的行业。董事会中有政府官员的企业会获得更好的市场相关的绩效，并且在政府管制程度高的行业这样的情况更明显（Hillman，2005）。

三、政治嵌入对跨境并购决策影响的网络视角

中国企业积极开展跨境并购的现象，体现出新兴市场崛起后期望参与国际业务、融入全球市场的决心。类似的情况发生在 20 世纪 90 年代初期，日本开始加紧部署全球直接对外投资业务。以 1987 年为例，日本企业在美国市场的对外投资资产的比重达到 31%（Nitsch et al.，1996）。在中国企业国际化的过程中，内向国际化（Inward Internationalization）为企业外向国际化（Outward

Internationalization）的战略提供了经验和范本（闫国庆，2004）。在国际化领域的研究中，最早开始的话题是进入中国的跨国企业如何获取政治嵌入以拓展在中国的业务。近几年，随着中国企业"走出去"步伐的加快，中国企业政治嵌入特征影响国际化决策的话题也逐渐成为热点，受到学者关注。

由于中国资本市场的不完美，中国跨国企业的 OFDI 更倾向于选择自然资源寻求型和战略资产寻求型 FDI（Buckley et al.，2007）。企业的政治嵌入由此可以带来优势，如来自母国的融资成本或资产使用更为经济、母国嵌入性带来的利益，财团式国际化对新兴市场经营方式的熟悉程度，以及处理利益关系的能力，为企业控制东道国当地资源而提供渠道。这种关系网络可以获得关于合理盈利的投资机会的市场信息，从而降低企业投资的商业风险。相关研究验证了政治自由度、关系资产均对推进政治嵌入企业 OFDI 产生积极作用（Buckley et al.，2007）。

运用社会网络理论探讨国际化问题的优势在于，它关注了网络中的资源、行为和行动者如何影响国际化过程的不同维度（Ruzzier et al.，2006）。商业网络被 Holm et al（1996）定义为一组两个及以上的连接的商业关系，每一组交换关系都在商业企业所组成的合作者之间产生。因此，在价值链上的一组互相关联的商业关系被视作为一个商业网络，企业在其中学习，随时间而进行社会交换、开展合作，并且由此协调彼此的商业活动。

在商业网络的基础上，Johanson（1993）将企业为了完成企业目标，不断建立、巩固、发展和破坏以及修复的累积过程视为国际化。国际化是通过在其他国家的扩张、渗透和整合等手段，在商业关系基础上发展网络的过程。企业建立和发展在海外网络中与别国同行企业之间关系的位置。国际化企业最初处于国内网络，继而进一步发展在其他国家的商业关系网络，从而形成跨国经营网络（Ruzzier et al.，2006）。Ghoshal et al（1990）最早以飞利浦的母子公司所有权结构为范例，描绘了跨国企业内部网络治理模式的存在。已有研究对日本企业的跨国投资网络进行了理论描述，研究评价了通过对外进入模式的学习，企业获得了超过本地企业的竞争优势，并随着持续投资的进展，这种学习行为在企业的合作网络中发生传播（Chang，1995；Ghoshal et al.，1990）。

在国际商务领域，国际营销和采购网络被比喻为婚姻网络和商业系统。由于网络可以解释全部场景或知识形成，由此成为一种比喻形式，被填充了很多意义。一方面，网络是"婚姻"，它体现了合作、长期关系和非机会主义行为。工业企业需要发展合作，就要在互惠互利关系结构中建立起长期网络关系。合作型企业愿意投入到类似于婚姻的长期关系中，以避免机会主义、规避与短期竞争对手之间在互动行为模式中潜藏且明显的不匹配。另一方面，网络是商业系统。网络的管理功能更理性，并且它们的功能属性必须以经济和技术领先。网络的管理能力是基于目标透明和与伙伴的合作方式（Alajoutsijarvi et al.，2001）。

在网络视角下，FDI 是为了持续、巩固和增强某些重要网络关系的价值，企业通过 FDI 等国际化过程来获得外部资源的最大化。FDI 可以使投资者在控制一套广泛、差异化和低成本的产品的业务柔性背景下，建造一个区域性或全球性的业务子网络。FDI 的目的是对重要关系做出高承诺，因为海外投资是高风险的行为，这类承诺只有在合作伙伴彼此信任、值得更进一步发展长期协作的情况下才会产生。FDI 所主张的网络方法是指网络资源便于在企业国际化过程中提供信息、消融市场进入壁垒、与本地企业建立联系，以减少 FDI 投资风险（Chen，2003）。

国际化被看作中小企业增强其网络位置的一种结果（Johanson et al.，2006）。与国际化过程的特点相同，国际化网络扩张是累积的，依靠企业在一个领域中知识获取的增长过程（Hilmersson et al.，2012）。初创企业的国际化得益于供应商、客户、竞争对手之间的国际化互联，并由此形成自己的国际化网络。国际化网络为企业提供市场机会的信息、连接东道国当地资源的渠道，从而实现它们的国际化战略。企业发展国际关系去获取东道国当地的知识，并用于新知识的研发和拓展，具有高网络中心性的企业（例如核心企业）更容易获取和控制资源（Al-Laham et al.，2010）。

首先，企业国际化的行为是嵌入企业关系网络之中的过程，是选择企业关系网络影响的结果。其次，企业处于关系网络、市场网络和产业网络中，这些网络是具有主观能动性而非被动的行为主体。企业一方面按照自己意愿配置国际化资源，另一方面能够利用企业家精神主动构建自身的国际关系网络，并据此占领利基市场、获取隐性知识，并赢得国际声誉，进而提高企业在国际化行为中的能动性（郑准等，2011）。

网络嵌入性可以成为企业提升未来能力和预期绩效的战略资源。随着时间的推移，可以将正常关系改变为具有信任的关系。网络嵌入性作为战略资源，既是关系也是企业的一种结构维度（Andersson et al.，2007）。国际商业关系嵌入一个独立整体的国际商业网络中，而非两个分离国家的商业网络中（Holm et al.，1996）。一项针对韩国银行业国际化的研究指出，跨国企业通过商业网络建立新环境中的"内部所有权"，并获得建立海外市场的位置。在这一商业网络情景中，企业需要对母国政府和东道国政府的政策进行理解，作为进入者，做出与当地规则、当地消费者和地理属性相一致的投资承诺（Lee et al.，2014）。

从整体上看，跨国企业处于母国和东道国两个网络中间，通过适应两个网络的特征、调配网络资源而获得收益。当企业在母国政治网络的嵌入性越强，企业的规模可能更大，经营复杂程度越高，也因此更有能力克服外来和外部所有权的阻力，以减轻各种政治和合同上的风险（Sun et al.，2010）。

东道国网络对跨境并购所产生的信息不对称有一定的缓解作用。投资企业的区域网络通过选择进入模式，减少国际化过程中的信息不对称，为本地重要知识和关键客户提供渠道。因此，本地网络可以使企业缓解高承诺所产生的代理成本。这些网络有正式的结构，也有更多是非正式或人际间关系。这类网络促进了信息分享和避免合同纠纷，从而可能减轻信息不对称和国际化战略带来的风险，并因此影响治理战略关系（Filatotchev et al.，2007）。Blumentritt（2002）认为，海外子公司在东道国的政治活动对集团能力整合起到显著影响，并且，子公司在当地商业网络的嵌入性对未来子公司技术嵌入性、子公司预期绩效以及子公司对总公司的发展都会产生重要影响（Andersson，2007）。

四、中国跨境并购企业所处的制度环境

不同国家塑造了不同的制度情景（Gao，2008）。制度、文化使得基于网络的战略选择的产生变得合理（Peng，1997）。

1. 中国制度环境：转型中的中国经济与政府角色

针对中国经济快速崛起的现象，海外学者提出"中国发展之谜"的命题。

相关研究认为，我国的司法体系仍然缺乏一定的独立性，政府部门或官员可能常干预司法部门的独立运行，导致法律不能有效实施（Allen et al.，2005）。1990 年后，中央政府将国有企业经营决策权下放到地方政府及企业，地方政府有着强烈的参与当地企业经营的意愿（Fan et al.，2007）。我国政府权力较为集中，仍存在政府在民营化的公司中安排政府官员的现象（Boubakri，2008）。

中国制度环境呈现网络化特征。有学者指出中国市场本身是介于科层制和市场化之间的"网络资本主义"。与西方国家不同，中国的商业系统和市场处于网络化的形式，相对未被编码，依赖信任和长期个人关系。在中国经济转型的过程中，在特定的中国社会组织中，这种去中心化并没有得到有效的挑战，导致的不是市场化，而是世袭和允许更多地方或个人的制度化秩序，即"网络资本主义"（Boisot et al.，1996）。中国经济增长的一个重要特征是政府机构扮演了非常积极的角色，并发展出多种形式的混合企业（Borys，1989）。

已有研究指出，在中国环境中，关系（Guanxi）在政商网络中发挥着重要作用。关系嵌入了中国社会生活的方方面面，公司展现出对培育关系的不同需求和能力。中国企业将关系作为一种战略机制进行发展，通过与竞争对手和政府权威的合作及利益交换去克服竞争和资源劣势（Park et al.，2001）。在中国，关系的形式之一是面子和人情。关系在一定的人际网络范围内可传递，表现为互惠性。在西方互惠是等价的，而中国人之间是不均衡和非等价的无形交换。关系是社会资本的表现形式，因为它包含社会责任的交换，决定着一个人在社会中的地位和面子。利益互相交换并不等同于商业含义，更可能是一种未来预期，本质上是关系的培育和维持。因此，关系代表着繁衍关联的稠密区域的强有力的力量，并支持固有社会资本的价值积累。在中国转型经济的环境不确定性和传统文化的背景下，企业发展关系是为了获得掮客的结构洞优势，并改变现有的网络结构（Burt，1992）。

政府在推进中国企业国际化的过程中产生重要的影响，对于政治嵌入和非政治嵌入企业也产生了作用上的差异。有学者甚至把迅速崛起的中国跨国企业描述为政府塑造型（Government Shaping）（Carvalho et al.，2008），来自中国的实证研究也为这一观点提供了支持。研究认为本国政府支持海外华裔人口关系资源及融资能力成为中国企业的主要特征，这影响了企业实施直接对外投资的成效（阎大颖等，2009）。已有研究分析了中国的政策目标与中国大型企业国际化之间的关系。出于向其他国家学习、增强中国国际影响力两方面的动机，国有大型企业通过国内或海外上市的形式储备资金、增加研发费用以及提供其他商业便利，以提升国际竞争力（Nolan，2002）。预算软约束理论认为，由于政府和国有企业的所有权关系，政府对于国有企业存在"父爱主义"（林毅夫等，2004）。

2. 中国制度环境下组织行为特征

一个国家的产业和组织结构是由其独特的制度环境所决定（North，1990）。Peng（2000）认为，经理人所做出的战略选择内在地反映了他们的背景及经验。因此，经理人的社会关系、交际网络影响了企业的战略决策和绩效。这些关系产生了微观层面经理人关系与企业绩效宏观现象之间的联系。

在西方发达经济体中，经济和社会结构相对稳定，经理人可以遵循同行的经济规则开展业务，本土企业之间的频繁互动强化了对彼此国家制度环境的理解（Peng，1997）。而在中国，企业经济增长受到三项因素制约：①小而弱的资本基础；②缺乏通向国家控制要素的市场的渠道；③在不确定环境下的制度脆弱性，产权保护未明确定义（Peng，1997）。

对于稀缺资源，企业间基于关系形成松耦合网络，这一网络作用于供应商与零售商之间，也服务于组织的其他成员的子合同。经理人关系中会嵌入更多的社会资本，以弥补这些国家中市场支持的欠缺及法律法规的不足（Peng，1996）。大部分中国经理人愿意培育复杂而广泛的人际关系，这些关系培育了他们面对商业和社会关系统治的态度。虽然其他国家的经理人也会花费大量的时间和精力去培育人际关系，但中国经理人则严重依赖于个人关系以应对他们所在环境的动荡。因此我们看到，当环境越不确定，企业越可能依赖经理人关系而开展交易（Powell，1983）。在弱制度支持和扭曲信息的不完美竞争中，嵌入经理人关系的社会资本可能更加重要（Peng，2000）。在中国等转型经济体中，对于政策制定者和经理人而言，企业业绩增长的成败直接受制于制度转型的结果。

此外，已有研究也意识到了两国间制度距离对跨境并购决策带来的影响。

例如，制度距离对中国企业国际商务研究存在影响。制度距离会导致"外来者劣势"，并由此对跨国公司的东道国选择、海外分支机构的战略安排及绩效产生影响（吴晓云等，2013）。同时，两国间的友好程度也是影响企业国际化决策的制度因素。双边投资协定促进企业到签约国开展投资，双边贸易协定起到了弥补东道国制度缺位的作用（宗芳宇等，2012）。

第二节　研究模型

基于以上中国企业跨境并购投资的逻辑分析，我们梳理出政治嵌入、公司治理、跨境并购投资行为以及跨境并购绩效之间的内在关系。我们将变量间关系组织成为本书的核心研究框架，成为后续章节研究的基本出发点。

一、概念模型的提出

中国企业跨境并购行为的深入受到了国内"走出去"政策的鼓舞和影响。企业的政治嵌入程度越强，受国家和地方政府引导政策的影响程度就越强。在满足企业跨境并购的过程中，政府提供了更多便利条件，提供融资渠道、政府补贴、开放一些限制性政策。政治嵌入企业比非政治嵌入企业更容易获得这些便利条件，基于这些便利条件，中国企业的跨境并购动机更倾向于完成政治目标，而非自身条件具备后的海外市场拓展。并且，跨境并购可以迅速实现海外市场的扩张，可以为企业带来声誉，这些声誉可以带动国内市场的销售和业绩增长，这也促成了中国企业"国外损失国内补"的现象。政治嵌入减轻了企业在海外经营的一定风险，并且为了满足政府对企业走出去的要求，经理人倾向于扩大跨境并购投资水平，通过掌握控制权、拥有被并购企业高控股比例的形式，以确立在跨境并购交易中的地位，也因此确保海外市场声誉的获得。

相比发达市场企业，中国企业的公司治理水平普遍水平较低。委托代理理论认为委托人（股东）与代理人（高管）之间的治理关系会影响企业的 FDI 决策（Hoskisson et al.，2002）。海外市场的复杂增加了高管团队的信息处理需求，增加了经理人和股东的信息不对称，导致更严重的委托代理问题（Lu et al.，2009）。反之，公司治理水平越高，跨境并购的风险控制能力会更强，海外子公司、外派高管团队的控制能力就越强，也更容易做出较高水平的投资承诺。

基于这一逻辑，我们尝试提出：政治嵌入程度越高，企业对跨境并购资产的控制程度越高的基本假设；公司治理水平越高，企业对跨境并购资产的控制程度越高的假设。图3.2刻画了这两个假设关系，我们将在第四章对其开展详细的实证研究。

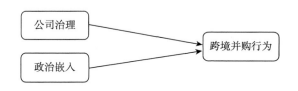

图3.2 政治嵌入、公司治理对跨境并购影响的概念模型
资料来源：作者整理。

政治嵌入是公司与政府之间建立的一种外部治理关系，公司治理则更倾向于应对外部法律法规要求、解决企业内部委托—代理问题而设置的内部治理规则（Hillman，2005），二者相互联系，但又存在内外区别。

与非政治嵌入企业相比，政治嵌入企业的公司治理特征存在明显不同。政治嵌入背景的CEO更有可能组建一支具有政府背景的董事会，以利于具有社会价值倾向的决策的执行。同时，董事会成员结构中专业水平人员（财务、金融、技术背景）的比例会减少。跨境并购是一项特殊的公司交易类型，跨境并购会加剧公司股东与投资人的信息不对称，公司决策风险会加大。一方面，在公司做出跨境并购决策前，高管层需要搜集被并购企业的大量信息，由于政治嵌入背景的董事会可能会增加盲目制定国际化战略的可能性，并且由于专业水平人员较少，董事会中搜集和处理跨境并购信息并做出稳健决策的人员比例更低。因此，盲目扩大跨境并购投资规模和一味追求被并购企业控制权的可能性会增大。

另一方面，在公司完成并购交易后，企业需要熟悉东道国企业市场，整合企业文化、上下供应链、客户、政府等已有的经营网络。一些中国企业高管缺乏海外经验、不熟悉当地游戏规则，难以顺利地完成直接对外投资的有效整合。从投资者角度来看，政治嵌入程度高的企业更容易存在大股东侵害小股东利益的代理人—代理人问题。投资者对政治嵌入企业做出有效的直接对外投资决策缺乏信心，由此，会进一步降低政治嵌入企业对市场价值增长的预期。

因此，政治嵌入不是一蹴而就地对直接对外投资决策产生影响，是透过公司治理的一系列内部制度安排才对直接对外投资决策产生影响。由此，我们提出基本命题：①政治嵌入通过公司治理对直接对外投资决策产生影响。即政治嵌入程度高的企业，更倾向于专业化的公司治理结构，更有可能做出激进的直接对外投资决策。②政治嵌入程度越高，直接对外投资决策更为激进，企业绩效越可能降低。如图3.3所示，第五章将重点检验这组关系。

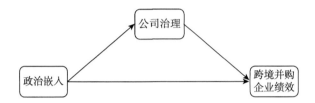

图3.3 政治嵌入、公司治理对跨境并购企业绩效影响的概念模型
资料来源：作者整理。

新兴市场的变革促进了企业的成长和国际化步伐，这种制度影响体现在国内和国际两方面。在国内，中国跨境并购是随着中国整体经济实力增强而产生的国际化现象，来自国家和地方政府的政策推进以及相应的配套措施促进了中国企业跨境并购动机的产生。政治嵌入企业更愿意执行和满足国家战略和政策安排，会进一步提高企业对海外市场的承诺水平。在国际上，作为新兴市场，中国企业的直接对外投资过程必然面临着与诸多国家的制度差异。母国与东道国形成的制度距离存在远近、正负之分，形成对企业对外投资决策的冲击。政治嵌入型企业必须考虑到外部制度距离的因素，对投资决策进行相应调整。如果不区分投资国特征，一味地以自己的政治嵌入优势盲目地开展跨境并购投资行动，那么企业绩效必然会受到一系列负面影响。

在国际商务研究中，制度被视为跨国企业经营活动的束缚（Geppert，2011）。跨国企业面临的制度可以分为内部制度压力和外部制度差异（Slangen，2010）。两种制度在不同角度对直接对外投资决策构成影响。在海外扩张的过程中，中国企业面临着来自母国制度和来自东道国制度的双重压力。

　　母国制度环境是中国企业所接受的来自政府的行政安排或政策调控，它影响着企业海外投资的意愿。来自国家和地方政府的政策推进，以及相应的配套措施促进了中国企业直接对外投资意愿的产生。政治嵌入的企业更愿意服从政府干预，更有可能会通过直接对外投资而获得扩张，以完成政治投资。政治嵌入程度高的企业更能够理解母国政府的政策，并获得相应的便利条件，也可以通过扩大海外投资来制造企业声誉。由此，我们提出命题（1）：母国制度环境压力增大时，政治嵌入程度高的企业更容易提高投资承诺，制定更为积极的直接对外投资决策。

　　在东道国与母国，正式和非正式的制度差异会对企业外投资决策形成冲击。相比非政治嵌入企业，在母国拥有政治嵌入的企业更具有社会地位优势（Guler et al.，2010）。拥有社会地位优势的企业通过信号作用，通过网络效应传导这一优势，在东道国市场赢得一定声誉（Elango，2007）。然而，随着与东道国的制度距离加大，社会地位所带来的声誉优势会逐渐减弱，政治嵌入企业变得难以克服国际化带来的风险。因此，我们提出命题（2）：东道国制度距离越大，政治嵌入程度高的企业会选择更为谨慎的投资行为，缩减对外投资规模。

　　基于这种推断，我们认为有必要构建一个国内制度压力和国际制度距离双重制度环境的分析框架，对政治嵌入是否以情景做出投资决策调整、是否影响企业绩效增减方向的问题进行系统研究。我们以图3.2和图3.3建立的概念模型为基础，加入国内制度压力和国际制度距离的调节变量，形成了图3.4和图3.5。第六章主要检验了这两组概念模型。

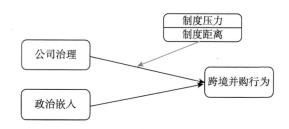

图3.4　制度环境对政治嵌入与跨境并购行为关系调节的概念模型

资料来源：作者整理。

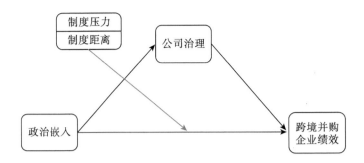

图 3.5　制度环境对政治嵌入与跨境并购企业关系调节的概念模型

资料来源：作者整理。

二、整体概念模型

前文所述形成了本书的基本逻辑框架。第一，政治嵌入是企业在母国地位优势的体现，通过网络效应，地位优势会帮助中国企业在东道国传递一定的信号作用，推动企业做出高承诺水平的跨境并购投资决策。政治嵌入程度越高，跨境并购的投资行为表现得越积极。第二，公司治理水平决定着跨境并购业务的控制能力，对子公司和高管团队的控制能力直接决定了企业跨境并购的投资风格和未来并购后的企业绩效。第三，政治嵌入会导致公司在治理中更多地雇用有政治背景的董事、更为集中的股权形式等一系列的治理特征，政治嵌入透过公司治理手段对企业绩效产生影响。投资者会对政治嵌入影响的治理结构存在怀疑，跨境并购业务的发生会暴露这种代理人—代理人问题，继而导致出现更低的企业绩效。第四，中国企业跨国并购受到来自国内和国外双重制度环境的影响，政治嵌入型企业更愿意响应国家的政策、受到国内行政制度安排。相比一般企业，政治嵌入型企业对东道国制度差异的敏感程度可能更高。由此，我们尝试构建国内制度压力和国际制度距离的分析框架，在此框架之下，探讨政治嵌入对跨境并购行为、跨境并购企业绩效是否产生影响。

综上，我们可以得到一个政治嵌入影响中国跨境并购的理论框架。如图3.6所示，我们用不同连线形式标注了准备检验的关系组合（连线为图3.1第四章；双实线为图3.2第五章；虚线为图3.3和图3.4第六章）。

图3.6提出了本书各章节之间主要形成的概念模型，表现的是构念之间可

能存在的逻辑搭接关系，而非变量模型。概念模型的提出是为了明确本书中的整体核心概念框架，以下各章节根据自身研究问题再进一步提出具体假设和变量模型，以开展实证检验。

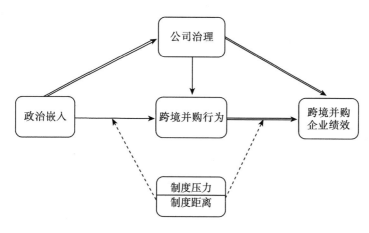

图 3.6　本书整体概念模型

资料来源：作者整理。

三、小结

本章主要完成的研究工作包括：

第一，对本书所涉及的关键概念进行了重新定义，将政治嵌入、跨境公司治理、跨境并购投资的逻辑互动关系进行了描绘。政治嵌入是企业与母国政府、东道国政府之间社会网络的嵌入，是一种外部治理规则。跨境公司治理更多着重母公司内部和海外子公司治理，是一种内部治理规范。两者之间存在区别，又相互影响。逻辑模型的建立有助于确定本书研究范围，能聚焦于具体问题开展研究。

第二，基于代理理论，我们分析了政治嵌入的治理视角，政治嵌入会导致企业体现出权利更为集中的公司治理结构。这种结构会潜藏着委托代理和代理人—代理人问题。企业跨境并购业务会诱导潜藏风险的集中暴露，继而体现为政治嵌入型企业在市场上更低的绩效表现。我们建立了政治嵌入与公司治理的内部联系，并进一步探讨政治嵌入如何影响跨境并购决策及其企业绩效。

第三，阐述了运用社会网络的理论解释跨境并购现象的必要性。社会网络理论关注了在网络中的资源、行为、行动者如何影响国际化过程的不同维度。直接对外投资行为本身就是企业寻求国际经营网络嵌入性的过程，而政治嵌入代表了企业在母国社会网络中的优势和地位，可以推动企业提高在当地的投资承诺水平，并因此选择对当地资产控制权更高的跨境并购方式，政治嵌入程度对跨境并购的行为决策产生重要影响。

第四，引入制度压力和制度距离的概念，描述了中国跨境并购企业所处的制度环境，强调了中国制度环境本身就具有网络特征。并且，政府引导着企业开展跨境并购业务的动机，也对政治嵌入型企业可能存在一定的"父爱主义"倾向。同时，企业在国际化过程中也受到了东道国与母国制度差异的影响。我们推断，内外部制度环境压力可能对政治嵌入影响跨境并购的关系产生调节作用。

第五，在理论分析的背景下，我们构建了未来三个章节的概念模型，梳理出政治嵌入与公司治理对跨境并购行为的影响，公司治理在政治嵌入与跨境并购企业绩效之间存在中介效用，国内外制度对政治嵌入与跨境并购行为和企业绩效可能具有调节作用。此外，我们还整理出全篇的关键概念间的整体概念模型，后续章节将沿着这一框架，提出具体假设和开展实证研究。

第四章 公司治理、政治嵌入对
跨境并购决策影响的研究

本章主要基于委托代理理论与社会网络理论研究政治嵌入对跨境并购行为的影响。首先针对公司治理、政治嵌入和海外经验对跨境并购行为的影响提出三个假设，其次进行研究设计和描述性统计，最后对假设检验进行分析并归纳实证结果。

第一节 研究假设

新兴市场正在经历快速的发展，其内部经济制度正在经历快速的变革，这种市场被认为是缺乏国际竞争力并由国有企业主导的经济体。通过改革，外国竞争者进入新兴市场，国内市场竞争的加剧使新兴市场中的更多企业试图进入国际市场，以寻求新的转机（Elango et al.，2007）。

传统国际化研究理论认为，对于发达资本市场来说，其企业的海外市场拓展动机是降低劳动力成本、规模化生产和临近市场（Buckley，2011），而新兴经济体市场的国际化行为则更多出于深化国际化和获得战略资源的考虑（Gubbi，2010）。

作为新兴经济体代表，中国企业也正在积极寻找海外市场（Ruzzier，2006）。中国企业更愿意开展战略资产追求型的跨国并购（Deng，2009）。中国企业跨境并购的动机之一是在自然资源领域选择并购，以实现快速进入海外市场的目的。动机之二是为了获得世界一流品牌。动机之三是高管的过度自信及其导致的建立"商业帝国"的愿望（Peng，2012）。

虽然已有研究关注到新兴市场企业的跨境并购行为，但尚未清楚解释其内部要素互动的机理。因此，我们有必要厘清中国企业跨境并购的动机，企业内部治理结构和不同政治嵌入程度的企业在跨境并购行事风格上的区别等问题。

一、公司治理对跨境并购行为的影响

国际化战略与信息不对称和持续风险有关。委托代理理论认为，FDI 决策可能会与公司董事会的风险偏好、经理人决策以及主要利益相关者的组成有关（Hoskisson et al.，2002）。FDI 决策将决定母公司处理信息不对称和与海外企业潜在的代理冲突的能力。代理理论框架下会产生逆向选择、道德风险等问题。公司治理特征代表着一定的风险偏好程度，而风险偏好程度又影响了直接对外投资行为的承诺水平。跨境并购的投资控制程度意味着对当地投资的承诺，跨境并购所拥有的控制权越多、子公司持股比例越高，意味着母公司选择更高的承诺形式开展跨境并购业务。这类高承诺的跨境并购形式意味着企业将面临更多风险（Filatotchev et al.，2007）。因此，公司治理特征影响了直接对外投资的进入模式（Filatotchev et al.，2007）。

在并购交易之前，公司治理结构更关注跨境并购所导致的母子公司之间存在更多的信息不对称和高管代理问题。公司治理水平越高，母公司越会派出更信任的经理人去开展跨境并购交易，以减少母国与东道国之间因制度差异而产生的母子公司之间的信息不对称。同时，高层管理人员（以下简称高管）利用信息不对称进行利己行为的可能性也会减少。因此，公司治理水平越高，治理结构设计越严谨，越能缓解跨境并购交易过程中的股权代理问题和高管代理问题。在信息不对称程度较低的情况下，优异的公司治理水平可以提高母公司对东道国的投资承诺程度，由此提高跨境并购投资程度（刘锴等，2015）。反之，若公司治理缺乏相应机制，那么企业就会难以实现跨境并购后的有机整合。

在跨境并购后的整合阶段，收购方要想实现对海外被并购方的有效监督，不仅需要整合被并购方的生产管理能力，更需要组建一个新的董事会或监事会，负责将收购方总部经营理念与当地的管理团队进行有机整合。治理水平高的公司会提高其在被并购企业中的股权占比，以确保在并购后拥有并购整合的话语权，进而确保海外投资的安全性。

综上所述，公司治理水平越高，跨境并购在并购过程中和并购整合阶段的具体治理举措越有效，对海外子公司和外派高管团队的控制能力越强，因此也更容易对海外投资地做出较高水平的投资承诺。

因此，本书提出假设1：企业公司治理水平越高，跨境并购控制程度越高。

二、政治嵌入对跨境并购行为的影响

当海外经营收益高于成本，企业才会考虑国际化。进入一个新的海外市场，企业会面临"外来者困境"，即它们要经历比国内更高的经营成本。此时企业的负担一方面是因为企业进入海外市场，不能完全了解和理解当地的法规、实践和行为方式；另一方面，企业在新市场中缺乏影响力，本地消费者一时不能了解和信任这家企业（Guler et al.，2010）。

母国网络优势塑造了企业海外扩张。社会地位优势具有信号作用，可以从一个市场传递到另一个市场（Guler et al.，2010）。相比非政治嵌入企业，在母国拥有政治嵌入的企业更具有社会地位优势。因此，这样的企业也会在国际拓展过程中发挥网络价值。而拥有社会地位优势的企业通过信号作用，可以为企业在东道国市场赢得一定声誉，从而减轻国际化行为所带来的负担。

与此同时，那些已经嵌入东道国政治网络的企业也会从中获得好处（Sun et al.，2010）。企业家嵌入东道国的政治网络，有利于其搜集和积累跨境并购所需的信息，由此减少国际化过程中的信息不对称，也可以积累更多东道国本地客户和接触关键客户的渠道（Filatotchev et al.，2007）。例如，韩国、日本等国企业组成财团等正式网络，中国企业较多依赖非正式制度和人际关系所形成的社会网络，其中最有效的就是东道国的政治嵌入网络。东道国政治嵌入促进了信息分享和避免合同纠纷，从而可能减轻信息不对称和国际化战略带来的风险。

在这一网络情景下，基于对母国政府、东道国政府的政策理解，企业会选择适当的进入模式，做出与当地规则、当地消费者和地理属性等水平相一致的学习和承诺（Lee，2014）。基于网络视角，直接对外投资是为了巩固和增强某些重要的网络关系价值。因为海外投资是高风险行为，只有在合作伙伴彼此信任、值得更进一步发展长期协作的情况下，企业才会以对外投资的形式对重要关系做出高水平承诺（Chen，2003）。

政治嵌入程度高的中国企业更愿意在国际化网络中获得高中心性，以此获得有利于市场拓展的机会信息、连接东道国当地资源的渠道，并进一步拓展国际化网络的边界和范围。具有高网络中心性的企业（例如核心企业）会更容易获取和控制资源（Al – Laham，2010）。母国政府对国有企业的国际化业务干预越强，就越希望国有企业获得更高的对外投资股权。政府所有权比例越高，企业就会有更高的风险承受能力和投资预期，因此企业拥有更低的交易成本（Pan et al.，2014）。

如果企业在母国和东道国政治网络的嵌入性越强，那么其愿意承担跨境并购风险的能力就越强，也更可能做出更高水平的跨境并购投资承诺。

综上，提出假设2：政治嵌入程度越高，企业的跨境并购控制程度越高。

三、海外经验对跨境并购行为的影响

海外经验是企业海外扩张中的关键要素。已有文献表明，国际市场的经验是投资企业的可持续优势，对由并购引起的股价异常波动产生积极影响（Harzing，2002）。与那些没有前期经验的企业相比，企业在本地的经历可以帮助企业更好地识别东道国的投资机会，可以降低高议价情况出现的概率。新兴经济体企业若对当地环境熟悉则可以减少并购后的整合成本，也会比无经验的竞争对手面临更低的风险，即海外经验多的企业出现信息不对称和外来者困境的情况更少（Aybar，2009）。

以集团形式进行跨境并购的公司很容易发挥规模优势。集团公司通过内部网络为下属企业提供国际化所需的信息、知识、资源及技术（Elango et al.，2007）。另外，集团的网络优势还便于迅速与国际网络中的重要利益相关者建立联系（Burt，1992）。例如，与东道国掮客建立联系，它们可以帮助企业提供投资国的合作伙伴、竞争对手、法律法规以及其他隐性知识和信息。由此，可以进一步减少跨境并购过程中的交易成本和避免机会主义行为（Delios et al.，2006）。

新兴市场经济体的企业往往缺乏进入发达资本市场的必备经验，经验不足会导致新兴经济体企业在东道国市场的竞争中处于劣势。因此，母公司的海外经验有利于增强企业在国际网络中获得利益的能力（Elango et al.，2007）。新兴经济体企业到发达国家进行并购，企业的国际化经验越多，那么相关并购业务就会越频繁（Rabbiost et al.，2012）。

由此，我们认为企业的海外经验越丰富，越容易识别跨境并购中的机会和风险，越具备利用集团网络优势的能力，公司也更加有信心提高其对东道国的投资承诺程度，越愿意去提高对被并购企业的控制权。

假设3：跨境并购经验越多，企业的跨境并购控制程度越高。

综上，得出本章研究模型，如图4.1所示：

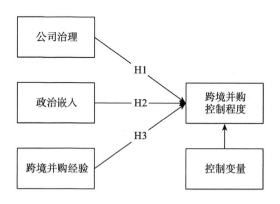

图4.1　第四章变量模型

第二节　研究设计

一、样本选择

本书选取2003—2014年中国上市公司的跨境并购事件作为研究样本。Wind数据库提供了"中国并购库"的子数据库，本书对"境外并购"事件的数据进行筛选，汇总部分中国企业跨境并购的事件信息。对于在数据库中信息不全但确实存在的并购事件，本书对其进行了信息补充，如投资地点、投资比例和投资金额等问题，在财经网站上逐一进行追踪、查询、完善，初步筛选出487条观测值（并购事件）。

依照整理的跨境并购事件，本书对企业的财务经营数据也进行了匹配和整理。其中，发生并购事件的中国企业分为未上市、国内上市和海外上市这三种情况。由于数据采集手段限制，本书剔除了未上市企业的88条并购事件，将国内上市和海外上市两种情况纳入与并购事件相匹配的样本库。上市公司筛选遵循以下原则：剔除了金融类上市公司，剔除被 ST 和 PT 的上市公司，剔除截至 2014 年已经退市的公司，剔除在总资产、资产负债率、ROA 等指标数值极端异常的数据。经过筛选后，共计获得 390 条观测值。其中，沪深主板上市企业 300 件，香港上市企业 90 件。

在公司治理数据的搜集上，由于数据库缺乏对董事会信息的集中统计，针对本书研究的样本范围，我们在知名财经网站上对样本中上市公司董事会信息逐一进行了查询。其中，国内上市公司的数据来源为同花顺、新浪财经等国内财经网站，国外上市公司对"金融界"网站所公示的高管人员信息进行了整理和统计。

基于本书主题，笔者整理了企业的政治嵌入数据。本书从 Wind 数据库下载了所有国内上市和海外上市公司的招股说明书，从中整理出董事会与高管简介、董事长与管理层简历、董事会组成等基本信息。对于遗漏信息，通过公司官方网站、新浪财经、东方财富网、巨潮资讯以及 NASDAQ 等海外股权交易所信息平台进行数据补充。并且，参照徐业坤等（2013）的方法，对简历信息不足的情况，以董事长、总经理名字通过百度等搜索引擎进行补充。本书的做法能够最大限度地反映政治嵌入样本的全面性和准确性。

企业财务数据托宾 Q、企业规模、资产负债率、资产收益率、销售收入、行业和年龄等变量数据均取自 Wind 数据库。

由于样本时间跨度较长，汇率发生的波动较大，样本必须统一计价单位。本书整理了各国历史汇率，利用"跨境并购交易金额 = 当年并购事件的外汇金额 × 当年年末汇率"，获得并购事件当年的人民币发生额，这样既考虑了币种统一转换，也解决了当年的汇率波动问题。

二、样本分类统计

在所选样本中，国有企业跨境并购的事件有 159 项，占 40.77%。表 4.1 列出了样本的分类统计结果。然而，国有企业的累计投资金额的比重却很高，达到了 84.07%。此外，非国有企业跨境并购事件的数量有 231 项，占比 59.23%，其累计投资金额占总投资金额的 15.93%。

表 4.2 对样本企业的上市地点进行了分类统计。中国企业分布在国内和海外上市，国内上市企业有 299 项跨境并购事件，占 76.67%。累计投资金额达72 209 964.58万元，占比 63.26%。海外上市的中国企业有 91 项跨境并购事件，占 23.33%，累计投资金额占比 36.74%。由此可见，国内上市的中国企业参与跨境并购业务更加活跃。

表 4.3 和表 4.4 对本书关注的政治嵌入属性和政治嵌入网络密集程度进行了分类统计。其中，有政治嵌入的企业开展跨境并购 249 件，占比 63.85%。在累计投资金额上，有政治嵌入的企业跨境并购累计金额占总投资规模的85.58%。无政治嵌入的企业的跨境并购事件在数量和金额上，分别占比36.15%和14.42%。由此，我们可以初步判断出有政治嵌入的企业更多地参与了跨境并购。为了进一步区分政治嵌入的强度，我们对政治嵌入网络打分结果进行分类统计，其中，代表政治嵌入网络最强（7 分）的企业跨境并购业务仅为9 件，占比 2.31%，累计投资金额占比 8.69%，总体占比程度较低。而政治嵌入网络为 1 分的企业在跨境并购事件数量和金额上的比重最大，分别为27.69%和35.08%。政治嵌入网络密集程度与并购事件和并购金额尚无明显的变化关系，这需要我们在后续研究中继续探索。

表 4.5 按照投资年份对样本中的投资事件进行了统计，结果表明中国企业开展跨境并购的积极性在逐年增加。2003 年，样本中仅有 1 项跨境并购事件，金额仅为 1600 万元。从 2008 年开始，中国企业跨境并购的事件开始增多，从2006 年的 5 件增长到 24 件，并购金额增至 1654 亿余元。2014 年当年，企业发生的跨境并购业务达到 130 件，占样本的 33.33%。

图 4.2 统计了样本中跨境并购业务在 2003—2014 年的投资金额和投资事件数量的异动情况。

表 4.1　样本分类统计（按所有权形式区分）

所有权形式	样本数	样本数占比（%）	累计投资金额（万元）	累计投资金额占比（%）
国有企业	159	40.77	95 965 594.29	84.07
非国有企业	231	59.23	18 179 127.30	15.93
合计	390	100	114 144 721.59	100

资料来源：作者根据样本统计结果整理。

表 4.2　样本分类统计（按企业上市地点区分）

上市地	样本数	样本数占比（%）	累计投资金额（万元）	累计投资金额占比（%）
国内上市	299	76.67	72 209 964.58	63.26
海外上市	91	23.33	41 934 757.01	36.74
合计	390	100	114 144 721.59	100

资料来源：作者根据样本统计结果整理。

表 4.3　样本分类统计（按企业政治嵌入属性区分）

政治嵌入属性	样本数	样本数占比（%）	累计投资金额（万元）	累计投资金额占比（%）
有政治嵌入	249	63.85	97 681 641.38	85.58
无政治嵌入	141	36.15	16 463 080.21	14.42
合计	390	100	114 144 721.59	100

资料来源：作者根据样本统计结果整理。

表 4.4　样本分类统计（按企业政治嵌入网络密集程度区分）

政治嵌入网络（分值）	样本数	百分比（%）	累计投资金额（万元）	百分比（%）
7	9	2.31	9 924 722.66	8.69
6	29	7.44	22 345 345.79	19.58
5	28	7.18	4 085 194.99	3.58
4	29	7.44	4 467 104.02	3.91
3	41	10.51	12 202 608.64	10.69
2	88	22.56	16 425 664.53	14.39
1	108	27.69	40 037 494.59	35.08
0	58	14.87	4 656 586.38	4.08
合计	390	100	114 144 721.59	100

表 4.5　样本分类统计（按投资年份）

并购年份	投资事件（件）	投资事件占比（%）	当年金额（万元）	当年金额占比（%）
2003	1	0.26	1 600.00	0.00
2004	1	0.26	7 000.00	0.01
2005	5	1.28	589 960.02	0.52
2006	5	1.28	1 347 390.65	1.18
2007	21	5.38	1 661 939.90	1.46
2008	24	6.15	16 544 223.37	14.49

续表

并购年份	投资事件（件）	投资事件占比（%）	当年金额（万元）	当年金额占比（%）
2009	32	8.21	23 507 011.91	20.59
2010	32	8.21	22 387 429.03	19.61
2011	42	10.77	10 533 615.53	9.23
2012	52	13.33	17 075 610.36	14.96
2013	45	11.54	5 348 276.32	4.69
2014	130	33.33	15 140 664.49	13.26
合计	390	100	114 144 721.59	100

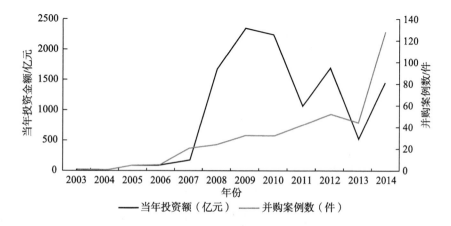

图4.2   样本中跨境并购事件统计（按年）
资料来源：作者根据样本统计结果整理。

三、变量选取

（一）因变量：跨境并购控制程度

并购控制权：本书将并购方是否获得被并购企业的控制权设计为虚拟变量，1表示并购方持有被并购企业50%以上股份或在公告中声明已获得并购标的控制权；0表示并购方并不拥有并购标的控制权（Delios et al.，2006；Pan et al.，2014）。

并购标的持股比例：本书参照已有研究将交易中收购方占被收购方的股权比例作为跨境并购控制权的另一个代理变量（Delios et al.，2006；Elango et al.，2007；Filatotchev et al.，2007）。通过整理 Wind 数据库提供的每笔跨境并购交易的明细信息获得数据。

（二）自变量：公司治理、政治嵌入

（1）公司治理选取了大股东持股比例、独立董事人数、董事会规模、所有权四个主要公司治理的测度指标。本书参照 Ning et al（2014）等的研究结论对公司治理的主要变量进行了比较全面的选取和刻画。

大股东持股比例是公司治理的主要度量指标，股权的集中程度可以影响董事会的决策制定、风险偏好和决策效率。笔者根据连燕玲等（2012）和唐松等（2011）的研究结果，获得上市公司第一大股东的持股比例。

独立董事人数代表董事会独立性水平，董事会独立性水平越高，董事会内部出现合谋的可能性越小（陈永丽等，2012）。

董事会规模对董事会特性具有影响，参照覃家琦等（2012）和袁萍等（2006）的研究结论选取董事会总人数作为测度变量。

所有权代表政府对企业的所有权程度和企业的合法性水平（Pan et al.，2014）。国有企业记为 1，非国有企业记为 0。

（2）政治嵌入的度量：我们将政治嵌入视为潜变量，由政治关联属性、董事会政治关联指数、政治网络和跨境政治关联四个观测变量共同组成。通过 PLS 模型中的主成因分析方法，计算潜变量政治嵌入。

政治关联属性（Political Connection，PC1）的度量通常将董事长或总经理个人的政治背景作为判断依据。根据 Fan et al（2007）、Faccio（2006a）和杜兴强等（2011）等的定义，如果样本企业的董事长、总经理曾经或现在担任政府部门（或军队）官员、人大代表或政协委员，参与国有银行任职、商业性行业协会担任会长或副会长、劳动模范的称号或者受到政府嘉奖，则认为该企业存在政治嵌入，属性记为 1，否则为 0。

董事会政治关联指数（Political Connection Rate，PC2）的度量，本书参照罗党论（2009a）和游家兴（2010）的方法，根据样本企业的所有董事会成员的个人简历，筛选判断其是否具有政治嵌入，计算出具备政治嵌入的董事会人数占董事会总人数的比例。该变量将政治嵌入考察的对象拓展到了更为广泛的企业董事会高管群体，体现了政治嵌入在公司治理层面的影响，有助于完整地刻画政治嵌入对企业绩效的作用。

政治网络（Political Network，PC3）的度量方法是根据社会资本观点，公司董事长或总经理个人与政府的各种联系会形成政治嵌入网络，并嵌入企业的经营活动，进而影响企业绩效。政治嵌入是企业与政治人物或者政治机构具有特殊参照关系的一种社会嵌入。商业企业间制度性嵌入的密度会有显著变化，被度量为企业与关键政治机构和人物联接的总数量和强度（Sun et al.，2010）。本书根据巫景飞（2008）开发的企业高管政治嵌入网络测度量表，对上市公司董事长及总经理的简历逐一进行编码，对样本企业中高管的党派网络、地方政府网络和中央政府网络分别打分，根据其是否有中央或地方政府部门工作经验、是否担任过处级以上领导岗位、是否是"两会"代表或获得中央或地方颁发的奖项等项目进行打分，编码分值加总后形成该企业的政治嵌入网络。这一方法体现了不同行政级别在关联程度上的区别，可以对企业的政治嵌入程度进行横向比较。

跨境政治关联（Cross‐border Political Connection，PC4）的度量为已有研究中认为海外子公司在东道国的政治活动对集团能力整合起到显著影响（Blumentritt，2002）。跨国企业试图通过结构关联嵌入到东道国的政治网络中，例如与国有企业建立战略联盟和合资等形式（Sun et al.，2010）。Blumentritt 的研究在度量企业关系资源的变量中加入了"外国政府关系型资本"，并实证检验了外国政府关系型资本对企业国际化具有积极的影响（Hitt et al.，2006）。受到这些观点启发，我们开发了跨境政治嵌入的变量。当董事会成员（含独立董事）在海外政府机构、银行或军队曾任或兼任官员职务，则认为该企业存在跨境政治嵌入，记为1，否则记为0。例如，工商银行独立董事曾任美国投资公司协会（ICI）经济学家，英国贸易及工业署担任经济顾问、副部长等职务。这类情况均视为企业具有海外政治嵌入。

（3）海外经验：跨境并购能否成功，董事会的海外经验尤为重要。通过文献梳理，我们认为董事会海外经验主要体现在两个方面：一是海外教育背景，可以有效缩减国内外市场之间的信息不对称；二是成功的跨境并购业务经验，可以促进企业复制经验，降低新并购业务所面临的不确定性。

因此，本书中海外经验由董事会海外经历和跨境并购经验两个测度变量组成。其中，海外经历由增加聘任具有海外经历的董事会有利于海外知识的直接获得，从而提升董事会整体水平（Giannetti et al., 2015）。如果董事会中直接聘任外籍董事或董事具有海外留学和从业经验，记为1，未聘任则记为0。

跨境并购经验的度量标准为是否曾具备并购成功经验对进一步拓展海外业务有着重要影响（Elango et al., 2007），对样本企业的历史跨境并购记录进行梳理。如果在当年并购事件发生以前年度，该公司开展过跨境并购业务，记为1；否则记为0。

（三）控制变量

在建立控制变量的过程中，本书参考了跨境并购决策研究的相关文献，整理了企业规模、杠杆、资产收益率、销售收入增长进入模型。这些指标可以很好地表征企业营运能力。变量的数值越高，企业的综合实力越强，越可能采取比较积极的跨国并购决策。同时，不同行业和公司的上市年限也可作为控制变量。详见表4.6。

已有研究认为地理位置影响公司直接对外投资的信息不对称程度，Fila-totchev et al（2007）的研究显示国际化进入模式与地点选择之间互相影响，地理距离会影响企业的国际化程度和行为决策。也有研究认为，对外投资通常开始于与母国近的地方，可以获得国内网络支持（Fisch et al., 2012；Chen, 2003；喻世友, 2004）。本书参照已有文献的通用做法，度量了两个国家之间首都的实际地理距离（公里），并对距离值进行了 LOG 转换（Fernhaber et al., 2008；Malhotra, 2014）。

表4.6　第四章变量说明

变量分类	潜变量	观测变量	测量指标
因变量	跨境并购控制程度 MA	并购控制权 Control	虚拟变量，并购标的物的股权比例小于50%记为0；股权比例大于50%或者在公告中特别说明买方取得控制权，记为1
		持股比例 Sub	交易中收购方占被收购方的股权比例

续表

变量分类	潜变量	观测变量	测量指标
自变量	政治嵌入 PE	政治关联属性 PC1	虚拟变量，董事长或总经理是否有政治背景（曾任或现任政府、军队官员，人大代表或政协委员）
		政治关联指数 PC2	具有政治嵌入的董事人数/董事会总人数的比例
		政治网络 PC3	巫景飞（2008）开发的企业高管政治嵌入网络测度量表
		跨境政治关联 PC4	虚拟变量，董事会成员（含独立董事）在海外政府机构、银行或军队曾任或兼任官员职务
	公司治理 CG	大股东持股 Top1	大股东持股比例
		独立董事 Indep	独立董事人数
		董事会规模 Board	董事会总人数
		所有权形式 Own	虚拟变量，国有企业记为 1，非国有企业记为 0
	海外经验 EX	董事会海外经验 For	虚拟变量，董事是否具备海外经验（直接聘任外籍董事或董事具有海外留学和从业经验）
		跨境并购经验 MA Exp	虚拟变量，是否曾具备并购成功经验
控制变量	控制变量 CO	杠杆 Lev	总负债/总资产
		销售增长 Sales	（当年销售收入－上年销售收入）/上年销售收入
		企业规模 Size	Ln 总资产
		行业 Ind	虚拟变量，行业分类
		年限 Age	IPO 上市年份－公司成立年份
		地理距离 Geo	Ln 并购两国（地区）首都的欧式距离

四、PLS – SEM 模型

PLS（Partial Least Squares）偏最小二乘法的特点在于不强制要求数据一定服从正态分布，并且可以很好地克服变量间存在的多重共线性问题。而本书样本中因变量 Tobin Q 值不呈现正态分布，不符合 OLS（最小二乘法）的基本要求。同时，本书模型中采用了大量的潜变量构建构念，因此本书选用 PLS 分析方法更为合理。

由于本书模型同时采用形成型构念和反映型构念，不适用 Mplus、AMOS

等传统结构方程模型的计量方法，因此选用统计能力更强的 Smart PLS 3.0 作为研究分析软件。

（一）PLS 方法的形成型构念和反映型构念

在 PLS 模型建立的过程中，研究应当注意区分形成型变量和反映型变量。本书应用了这两个概念，详细说明见图 4.3。

在外部模型（Outer Model）的构建中，PLS 方法通过形成型变量和反映型变量来区分观测变量与潜变量之间的关系。形成型变量帮助识别一个问题或话题的根本原因，通常是潜变量的前置变量，在外部模型的构建过程中要作为潜变量的先导观测变量。

反映型变量帮助评估一个问题或话题的表现结果，通常是潜变量的后置变量，在外部模型的构建过程中要作为潜变量的后续观测变量。例如，Indicator→Latent Variable 的关系（王晓丽等，2011；叶浩生等，2014）。

普通的结构方程模型只能够提供形成型测量的模型关系检验，而 PLS 提供形成型测量和反映型测量在同一模型内的关系检验，更有利于理论探索和预测。这一特点给本书的探索式研究提供了良好的适用性，见图 4.3。

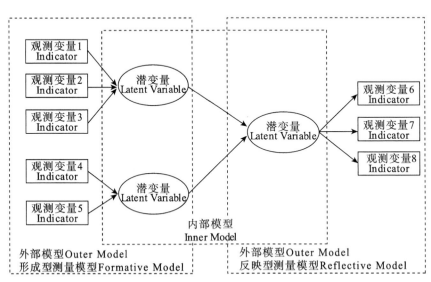

图 4.3　PLS 模型的形成型测量和反映型测量

资料来源：作者整理。

（二）PLS 方法应用的标准范式

PLS 方法的应用应遵循标准的研究范式，包括模型构建、数据特征、结果评估（Hair et al., 2013）。

1. 模型构建

模型必须是具有因果关系的递回路径，每一个潜变量至少需要与一个观测变量建立关系。每一个观测变量只能与一个潜变量建立关系。整个模型中只能有一个模型，而不能包含几个有关系的次级模型。

2. 数据特征

PLS 模型要提供充分统计功能的足够样本量，提供对样本的完整描述（数据分布状况、描述性统计结果），对变量的细节进行充分描述和解释（例如，外生变量不适宜使用类别变量进行度量），准确使用形成型变量和反映型变量来完成模型构建。

3. 结果评估

模型的信度和效度：模型信度 Cronbach's alpha：当 $\alpha > 0.8$，模型为理想；当 $\alpha > 0.7$，为可接受范围；当 $\alpha > 0.6$，为探索性研究的可接受范围。组合信度 Composite Reliability（CR）> 0.6，表明模型在可信范围。

效度包括聚合效度和区分效度。聚合效度是指同一概念多重测度指标之间的关联程度，常用 AVE（Average Variance Extracted，平均抽取方差）反映每个潜在变量的平均公因子方差，用于评估模型的收敛效度。一般情况下，AVE > 0.5，认为量表具有较好的聚合效度。（Fornell, 1981）预测效度 Q^2：$Q^2 > 0$，说明模型具有象征性的预测功能，Q^2 分别大于 0.02，0.15，0.35 代表弱、中、强三个水平（Chin, 1998）。

PLS 要求检验数据的共同方法偏差（Common Method Bias，CMB）以避免模型内部出现构念的虚假关系。利用 Harman 单因子检验法对全部模型中构念进行因子分析。如果模型因子在未旋转的情况下，第一个因子方差解释率高于50%，则说明共同方法偏差较高，数据不能被接受（梅姝娥等，2013）。

模型拟合度 R^2 的要求是与研究情景相关。管理学领域的文献普遍引用了 Cohen（1988）的研究结论：当 $R^2 \leqslant 0.02$ 时，表示路径关系很弱；当 $0.02 <$

$R^2 \leqslant 0.13$ 时，表示路径关系中等；当 $0.13 < R^2 \leqslant 0.26$ 时，表示路径关系很强（梅姝娥等，2013；周志民等，2014）。

模型显著性评价标准是 PLS 通过 Bootstrap 算法获得整体模型的 t 值，p 值和标准差。P 值 < 0.01，显著性强，表示为 * * *；P 值 < 0.05，显著性一般表示为 * *；P 值 < 0.1，显著性较弱，表示为 *。调节效用规模通过 f^2 值度量，研究可以评估模型调节效用大小。判断标准为 0.02，0.15，0.35 分别代表模型调节作用弱、中、强三个水平。模型的多重共线性问题，PLS 模型的变量成正交矩阵，因此不存在多重共线性问题。路径系数是评估变量间关系的影响水平及方向（Hair，2013）。

第三节　描述性统计

一、描述性统计

表 4.7 报告了模型中样本总体主要变量的描述性统计情况。跨境并购控制权的平均数为 0.68，标准差为 0.47，说明中国企业跨境并购过程中获得控制权的案例占主要比重。子公司股权比例的平均数为 63.86%，标准差为 34.27，最小值 0.48%，最大值 100%，表明中国企业更愿意获得较高的子公司股权比例。PC1 均值 0.64，标准差 0.48，表明董事长或总经理拥有政治嵌入的企业在样本中占有较高比例。PC2 均值 37.15，标准差 24.33，表明样本中具有政治嵌入的董事占董事会成员总数的比例达 30% 以上。PC3 均值 2.31，标准差 1.9，表明样本中企业政治嵌入网络维持在中值水平（最高值为 7）。PC4 均值为 0.2，标准差 0.4，表明样本中具有海外政治嵌入的企业占比较低。MA Exp 均值为 0.46，标准差 0.5，表明样本几乎接近一半的企业具有跨境并购经验。销售收入均值 29.07，企业规模（总资产对数）均值为 22.56，说明样本企业在财务特征上存在一定差异。

表 4.8 报告了按有政治嵌入和无政治嵌入分组的主要变量描述性统计。其中，有政治嵌入的企业跨境并购控制权的均值（0.72）高于无政治嵌入的企业（0.62），并且在 5% 水平上通过 T 检验。这表明样本中与无政治嵌入的企

业相比，有政治嵌入的企业拥有跨境并购控制权的情况更多。有政治嵌入的企业子公司股权比例均值为66.74%，高于无政治嵌入的均值（58.78%），并且在5%水平上通过T检验。这表明样本中有政治嵌入的企业占有海外子公司控股比例更高。结果显示，2003—2014年，样本中政治嵌入企业的跨境并购控制权、子公司股权比例均高于无政治嵌入的企业，即政治嵌入企业的跨境并购的控制程度更高。

除此之外，在其他指标的比较上，有政治嵌入企业的跨境并购经验（0.49）略高于无政治嵌入企业（0.42）。无政治嵌入企业的销售增长率（39.63）明显高于有政治嵌入企业（23.08），说明无政治嵌入企业的销售增长更为活跃。在经营规模上，有政治嵌入和无政治嵌入企业的规模相当，分别为22.93和21.91。

表4.7　第四章描述性统计

	均值	标准差	最小值	最大值
Control	0.68	0.47	0.00	1.00
Sub	63.86	34.27	0.48	100.00
PC1	0.64	0.48	0.00	1.00
PC2	37.15	24.33	0.00	100.00
PC3	2.31	1.90	0.00	7.00
PC4	0.20	0.40	0.00	1.00
Top1	38.26	19.75	0.00	86.35
Own	0.41	0.49	0.00	1.00
MA Exp	0.46	0.50	0.00	1.00
Sales	29.07	75.65	−373.70	813.38
Size	22.56	4.30	0.00	30.66

资料来源：作者根据统计结果整理。

表4.8　第四章描述性统计（按政治嵌入属性分组）

	有政治嵌入		无政治嵌入		差异分析	
	均值	标准差	均值	标准差	T检验	P值
Control	0.72	0.45	0.62	0.49	2.081	.038**
Sub	66.74	33.36	58.78	35.36	2.216	.027**

续表

	有政治嵌入		无政治嵌入		差异分析	
	均值	标准差	均值	标准差	T 检验	P 值
Top1	40.19	20.73	34.85	17.43	2.586	.010 *
Own	0.47	0.50	0.30	0.46	3.138	.002 ***
MA Exp	0.49	0.50	0.42	0.50	1.284	.200
Sales	23.08	55.61	39.63	101.22	−2.084	.038 **
Size	22.93	4.63	21.91	3.56	2.265	.024 **
观测数	249		141		390	

注：＊＊＊，表示路径系数在1%显著水平下显著（双尾）；＊＊，表示路径系数在5%显著水平下显著（双尾）。

资料来源：作者根据统计结果整理。

二、共同方法偏差检验

PLS 要求检验数据的共同方法偏差（Common Method Bias，CMB），以避免模型内部出现构念的虚假关系（梅姝娥等，2013；周志民等，2014）。本书选用 Harman 单因子检验法，对全部模型中构念进行因子分析。如果模型因子在未旋转的情况下，第一个因子方差解释率高于50%，则说明共同方法偏差较高，数据不能被接受。本书应用 SPSS 22 对数据进行检验，表4.9 表明第一个因子的方差解释率为21.741%，小于50%，说明数据的共同方法偏差在接受范围之内。

表4.9　第四章模型共同方法偏差

	初始特征值			萃取平方和载入		
	总计	变异的（%）	累加（%）	总计	变异的（%）	累加（%）
1	1.957	21.741	21.741	1.957	21.741	21.741
2	1.825	20.279	42.021			
3	1.106	12.288	54.308			
4	1.054	11.716	66.024			
5	.886	9.839	75.863			
6	.768	8.535	84.398			
7	.699	7.769	92.167			

	初始特征值			萃取平方和载入		
	总计	变异的（%）	累加（%）	总计	变异的（%）	累加（%）
8	.545	6.058	98.225			
9	.160	1.775	100.000			

资料来源：作者根据统计结果整理。

三、相关分析

此外，对于 CMB 还可以通过检验潜变量之间的相关系数进行判断。如果两个潜变量之间相关系数在 0.9 以上，则说明数据受到 CMB 干扰。表 4.10 提供了通过主成因分析后获得的潜变量之间的相关系数结果，系数区间范围在 -0.008 至 0.444，均小于 0.9，通过 CMB 相关系数检验。通过以上两种方法检验，表明样本数据不存在共同方法偏差的问题。

表 4.10　第四章模型潜变量相关分析

	MA	PE	CG	EX
MA	1			
PE	.112*	1		
CG	.051	.444**	1	
EX	-.008	.141**	.204**	1

注：***，表示路径系数在 1% 显著水平下显著（双尾）；**，表示路径系数在 5% 显著水平下显著（双尾）。

资料来源：作者根据统计结果整理。

第四节　实证结果

一、信度效度检验

首先，为了评估本书中反映型测量的信度和效度，我们开展了探索式因子分析，并确认了构念的单一维度性（Steenkamp et al., 1991）。需要说明的是形成型构念的测量指标不存在一致性，不会形成收敛效度（徐云杰，2011）。

因此，模型中的形成型构念（包括政治嵌入、海外经验、公司治理）无法对其进行信度和效度检验。

由此，我们对模型输出的结果进行了比照分析。本书采用 Cronbach's alpha、组合信度（Composite Reliability，C. R.）、平均抽取方差三种指标进行评估。其中，当 $\alpha > 0.8$，模型为理想；$\alpha > 0.7$，为可接受范围；$\alpha > 0.6$ 为探索性研究的可接受范围（Fornell et al.，1981）。表 4.11 数据分析结果显示，跨境并购控制程度的 α 值大于 0.6，CR 大于 0.7，表明模型达到了探索型信度要求。模型效度包括聚合效度和区分效度。聚合效度是指同一概念多重测度指标之间的关联程度，AVE 反映每个潜在变量的平均公因子方差，用于评估模型的收敛效度。一般情况下，AVE > 0.5，则认为量表具有较好的聚合效度。

因子载荷的评估标准：根据吴明隆（2010）的研究，因素分析中的大小与样本量有关，当样本量在 350 以上，因子载荷标准为 0.300，即当因子载荷大于 0.3 即可纳入模型。

构念区分效度的评判标准为各观测变量在潜变量上的因子载荷大于其在其他建构变量上的因子载荷，并且，潜变量的 AVE 均方根大于该潜变量与其他潜变量之间的相关系数，则视为具有区分效度。

表 4.11 显示，跨境并购控制程度 AVE（0.918）> 0.5，符合聚合效度标准。表 4.12 的结果表明，本书模型具有较好的区分效度。因此，以上结果表明本书模型中的反映型构念的测量通过了信度和效度检验。

表 4.11　第四章构念信度和效度检验

潜变量	Alpha	CR	AVE
跨境并购控制程度	0.911	0.957	0.918

资料来源：作者根据统计结果整理。

表 4.12　第四章观测变量的载荷矩阵

	MA	PE	CG	EX	CO
Sub per	0.92	-0.07	0.09	0.12	-0.03
Control	0.92	-0.05	0.10	0.10	-0.03
PC1	0.03	0.73	0.05	0.19	-0.26
PC2	0.35	0.76	0.02	0.12	0.00

续表

	MA	PE	CG	EX	CO
PC3	0.07	0.85	-0.02	-0.08	0.10
PC4	0.19	0.68	0.03	0.01	-0.29
Top1	0.15	-0.07	0.64	-0.09	-0.10
Indep	0.26	0.00	0.69	0.01	0.32
Board	0.04	0.28	0.47	0.23	0.42
Own	0.10	0.04	0.77	0.09	-0.01
For	-0.02	-0.03	0.12	0.51	0.07
MA Exp	0.08	-0.07	-0.28	0.39	-0.08
Lev	-0.04	0.07	-0.03	0.10	0.67
Sales	-0.09	-0.22	0.03	-0.11	0.54
Size	0.21	0.08	-0.06	0.07	0.58
Ind	0.29	0.14	0.00	0.29	0.37
Age	-0.11	0.13	0.07	0.10	0.78
Geo	-0.01	-0.07	0.29	-0.04	0.41

注：提取方法：主成因分析；旋转方法：具有 Kaiser 正规化的最大变异法。
资料来源：作者根据统计结果整理。

二、实证结论

在模型构念通过信度和效度检验后，我们对 PLS – SEM 结构模型的主要假设进行检验。我们利用 SmartPLS3.0 中 Bootstrapping 算法对模型进行显著性检验。Bootstrapping 算法的设定情况为抽取的子样本数为 1000、无信号变化、学生化 Bootstrap、双侧检验（显著性水平 = 0.05）。检验结果如下：

（一）模型拟合度和预测关联性

拟合度 R^2 的阈值与研究情景相关（Hair，2013）。管理学领域的文献普遍认为，当 $R^2 \leqslant 0.02$ 时，表示路径关系很弱；当 $0.02 < R^2 \leqslant 0.13$ 时，表示路径关系中等；当 $0.13 < R^2 \leqslant 0.26$ 时，表示路径关系很强（梅姝娥等，2013；周志民等，2014）。我们应用 Blindfolding 程序计算出模型的预测效度 Q^2，判断每个潜变量的交叉效度冗余情况。$Q^2 > 0$ 说明模型具有象征性的预测功能（Hair，2013）。

由表 4.13 可以看出，本模型跨境并购控制程度的拟合效度在 $0.02 < R^2 \leqslant$

0.13 的区间内，说明路径关系中等。Q^2（0.036）>0，表明模型具有象征性的预测功能。

表4.13 第四章模型的拟合度及预测效度

潜变量	R^2	调整后 R^2	Q^2
跨境并购控制程度	0.096	0.086	0.036

资料来源：作者根据统计结果整理。

（二）模型路径系数和 T 值显著性

表4.14 提供了政治嵌入与跨境并购模型中主要假设的检验结果。

表4.14 第四章政治嵌入与跨境并购程度的回归分析

假设	路径	路径系数	T 值	显著性	结论
H1	公司治理→跨境并购控制程度	0.062	0.841	0.401	不支持
H2	政治嵌入→跨境并购控制程度	0.131	2.271	0.023 ＊＊	支持
H3	海外经验→跨境并购控制程度	−0.105	1.758	0.079 ＊	不支持
H4	控制变量→跨境并购控制程度	0.159	1.680	0.093 ＊	支持

注：＊＊＊，表示路径系数在1%显著水平下显著（双尾）；＊＊，表示路径系数在5%显著水平下显著（双尾）；＊，表示路径系数在10%显著水平下显著（双尾）。资料来源：作者根据统计结果整理。

图4.4 汇报了政治嵌入与跨境并购控制程度结构方程模型的检验结果，展示了每项观测变量与潜变量之间的路径系数。

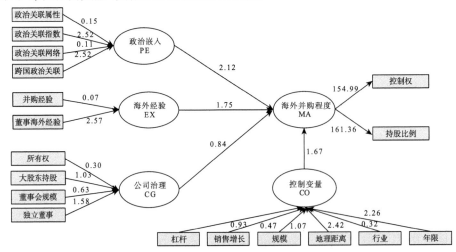

图4.4 第四章 PLS 模型检验结果

公司治理对跨境并购控制程度的路径系数为 0.062，T 值为 0.841，p > 0.1，表明公司治理对跨境并购控制程度并没有显著性影响，H1 没有得到支持。实证结果说明，并购企业的公司治理水平高低对跨境并购控制权的掌握程度并没有产生实质性影响，具体原因待进一步梳理。

政治嵌入对跨境并购控制程度的路径系数为 0.131，T 值为 2.271，p < 0.05，表明政治嵌入对跨境并购控制程度着显著的正向影响，H2 得到了支持。实证结果表明，具有更高的政治嵌入程度的并购企业，在跨境并购交易中更愿意掌握控制权或获得跨境并购资产更高的持股比例。

海外经验对跨境并购控制程度的路径系数为 −0.105，T 值为 1.758，p < 0.1，表明海外经验对跨境并购控制程度着显著的负向影响，H3 未得到支持，但获得了与 H3 假设预期相反的影响关系。实证结果表明，海外经验越丰富的企业，跨境并购中直接掌握并购企业的控制权或控股比例会更低。这可能说明海外经验使得企业更加充分地了解了海外市场的风险，保持更为谨慎的投资风格，因此会选择对海外市场的低水平投资承诺，表现为拥有更低的海外资产控制权。

检验结果还提供了控制变量与跨境并购控制程度的关系。控制变量对跨境并购程度的路径系数为 0.159，T 值为 1.680，p < 0.1，表明控制变量与跨境并购控制程度具有正向的积极影响。控制变量考虑了企业规模、经营业绩和地理距离等观测变量，这些变量组成的综合构念（潜变量）推进了跨境并购交易中更为积极的海外扩张决策。

三、小结

本章提出了跨境并购行为中控制权问题的重要性，并建立了公司治理、政治嵌入与跨境并购控制权程度的结构方程模型，分析了模型中的路径关系和影响水平。

首先，本章回顾了公司治理理论，初步认为东道国并购企业的公司治理水平越高，对海外子公司高管团队的管理能力和海外经营风险的处理能力越强，由此企业掌握跨境并购控制权的程度可能越高。这一假设未能在后续的实证检验中获得支持。这有可能与以下原因有关：①母公司董事会治理水平可能未能直接决定跨境并购的控制权问题；②中国企业公司的治理水平参差不一，未能对跨境并购的控制程度形成统一的决策偏好；③目前通用的公司治理变量未能充分体现在跨境并购中的委托代理问题；④在公司治理与跨境并购行为决策上可能存在中间变量。

其次，本书根据社会网络理论，认为由于中国企业在国内政治网络的嵌入性，并购企业受到政府的促进政策影响越多，为了扩大声誉和国际化网络位置，并购企业愿意采取高水平的投资承诺，因此导致在跨境并购中掌握控制权的意愿更加强烈。通过结构方程模型分析，本书发现政治嵌入性与跨境并购控制程度存在正向关系。当企业在东道国的政治嵌入程度越高，其在海外市场中掌握被并购主体的控制程度就越高。这一结论加深了我们对中国政治嵌入企业如何进行跨境并购交易决策制定的理解。在国内政治网络嵌入程度越深，企业独立作出以利益最大化为目标的决策越难。中国企业的国际化经验尚浅，缺乏对海外市场信息的充分搜集和挖掘，涉足跨境并购业务即选择掌握被并购主体的控制权，可以满足母国政府对于政治嵌入企业实现"走出去"战略的要求，促进企业获得政治嵌入所提供的多种资源渠道，巩固在政治网络中的地位，但同时也增加了后续文化整合、上下游产业链协同等经营风险。

此外，本章还探索了海外经验与跨境并购行为的互动关系。在假设中，根据文献梳理的结果，本书认为董事会经验和跨境并购经验越丰富的企业，识别海外市场风险的能力越强，由此可以减少企业高管与投资人之间关于海外市场的信息不对称现象，更有信心提高跨境并购的控制程度。然而，结构方程模型的检验结果显示，海外经验与跨境并购行为呈现了与假设相反的结论，即海外经验越丰富，企业越不倾向于拥有跨境并购标的的控制权。这可能存在以下几个原因：①公司董事会和高管的海外经验积累越充分，企业了解国际和国内的跨境并购交易的信息越多，对跨境并购所带来的风险就有更加客观的认识，更愿意谨慎地做出并购决策，因此会选择不掌握跨境并购控制权。②拥有跨境并购的控制权意味着在并购后企业要投入更多的精力去开展集团内部的整合，来自海外市场的不确定性、文化冲突等问题越多，整合成本远远高于不占有控制权的跨境并购形式。海外经验丰富的企业更清楚这些交易成本所带来的危害，因此会选择不控股的跨境并购交易方式。

通过文献比较，本章的主要贡献为：

（1）基于委托代理理论，构建了公司治理潜变量的度量方法，是对已有研究采用单一治理要素进行度量的重要补充。通过实证检验发现公司治理结构与跨境并购决策的影响不显著，为下一步进行深入探索公司治理对跨境并购的影响奠定了基础。

（2）重新定义了政治嵌入，并实证了变量的测度方法。政企关系领域的研究文献，如 Faccio（2006a）、罗党论（2008），采用董事长或总经理是否具有政府任职背景作为政治关联的测度方法。本书以社会网络理论为基础，从政治关联发展为政治嵌入研究，系统整理了政治嵌入的测度变量（包含政治嵌入属性、董事会政治嵌入比例、政治网络），并结合跨境并购的国际化场景，开发了"跨境政治嵌入"变量，扩展了中国企业国际化研究视角。

（3）与以往研究关注跨境并购的企业绩效不同，本书关注的是政治嵌入对跨境并购投资行为决策的影响。张晶晶（2015）主要开展的是政治嵌入与跨境并购企业绩效关系的研究，突出了股价异动的短期绩效和长期绩效的影响，并没有进一步解释二者之间的内在机理问题。Brockman（2013）也关注了政治嵌入与并购业务可能存在的影响，但着重探讨的是国内并购与国际并购中政治嵌入对企业绩效的作用差异，并没有聚焦中国企业和单纯讨论跨境并购的控制权问题。本书较早地关注了中国企业跨境并购行为决策，选取海外资产控制权和海外资产控股比例作为测度变量，研究将分析维度从企业绩效进一步拓展为企业跨境并购行为，深化了跨境并购领域研究的分析层次。

第五章 政治嵌入对跨境并购企业绩效的影响：公司治理的中介作用

本章是对第四章内容的延续与发展，第四章关注了公司治理、政治嵌入对跨境并购行为决策的影响，而本章是将研究重点从投资行为转移到企业绩效结果，以委托代理理论为基础，从投资者预期视角，探讨政治嵌入对跨境并购绩效的影响，并考虑了公司治理要素起到的中介作用。

本章首先提出了四个研究假设，然后开展研究设计，建立了本章的研究模型，接着进行了描述性统计、结构方程模型信度效度检验以及回归分析，最后总结假设检验结果，并得到本章研究结论。

第一节 研究假设

作为新兴市场的代表，中国企业成为跨国并购中的新生力量。面临着来自国内企业的竞争、激进的海外扩张，中国企业亟须进入海外市场以增强竞争能力。跨境并购作为最直接快速的海外扩张形式，正成为中国企业日益青睐的选择。

在中国跨国企业中，国有企业和具有政治嵌入的民营企业占据了主导地位。国有企业和民营企业有着共同的特征——政治嵌入。政治嵌入是否影响了跨境并购企业的市场价值？政治嵌入通过怎样的渠道对跨境并购企业的价值产生影响？我们有必要通过全面的理论视角对这些问题进行探讨。

作为上市公司，不论是在海外上市还是在国内上市，中国政治嵌入企业的跨境并购业务是否获得了投资者的一致好评，以及如何实现更高的市场估值，是本书考察的主要问题。

一、政治嵌入对跨境并购企业绩效的影响

关于政治嵌入对跨境并购企业绩效影响的研究始终存在两种声音。一方面，政府官员可以利用他们的权力去为政治嵌入企业寻求更多好处。特别是在并购情景下，许多国家实施了劳工法案和并购控制法案（Alimov, 2015）。在交易开展之前，达到某些条件的并购交易必须经过相关政府机构的审核和同意。当并购者触发了政府的反垄断调查，与非政治嵌入的并购方相比，具有政治嵌入的企业更有可能获得宽松的标准。在很多商业活动中，社会网络扮演了重要角色。与政治家关系紧密的企业可以获得有价值的信息、可能的政策变更或其他商业相关的政治事件。基于这些信息，企业更容易识别可能的投资机会，解决不确定性，以更好地为并购活动制订策略。并且，政府可能为它们提供直接的优惠条件。

另一方面，从委托代理理论角度来看，政治嵌入企业在追求跨境并购的过程中可能造成中小股东的利益损失。基于已有理论研究，政治嵌入企业可能面临更多的政治干预，使得其经济活动向着政治家的利益转移。为了避免公司经营失败的负面结果，政府有很强的动机去要求企业并购一家失败的企业以避免大规模失业。已有研究记录了政治嵌入企业可以获得国内银行金融给予的优先渠道（Brockman, 2013）。这类易于融资的渠道会招致代理问题，容易导致财富损害的并购。

对上市公司而言，企业绩效更多地被投资者预期所影响，基于投资者视角的跨国并购交易评价对企业的市场价值起主导作用。已有研究发现，与非政治嵌入企业相比，中国政治嵌入企业中控股股东侵占中小股东利益的比例更高（Berkman, 2010）。一项以中国企业的跨境并购案例为样本的研究显示，并购方企业的大股东为政府时，中小投资者认为跨境并购会导致企业市场价值表现异常，而大股东做出跨境并购决策时并没有中小投资者参与决策，这种情况也会导致大股东侵占小股东利益的问题。市场价值异常波动证明投资者质疑跨境并购对政府控股企业的担忧和负面影响是有道理的（Chen, 2010）。也有研究认为，中国上市公司很多都是由政府持股的国有企业，它们的战略目标与中小

股东明显不同。前者更倾向于社会和非利润追求，业务经营目标也更多（Lu，2009）。

在本质上，跨境并购作为一项特殊交易，会使得企业背负巨大的经营成本，政治嵌入企业更加关注完成跨境并购所实现的政治使命。但由此也导致企业与中小投资者之间的委托代理问题，投资者并没有参与跨境并购交易的决策过程。巨大的成本支出存在着代理风险，如并购资产定价是否公允、企业是否有足够的能力驾驭跨境资产整合等。跨境并购所带来的一系列经营风险以及政治嵌入企业本身可能造成侵害中小股东利益的问题叠加，也会促使投资者更加怀疑政治嵌入企业所做出的跨境并购决策，进而减少对这类上市公司的投资，由此给企业绩效造成负面影响。

基于以上分析，提出**假设 1：政治嵌入对跨境并购企业绩效起到负向影响。**

二、公司治理在政治嵌入与企业绩效关系中的中介作用

企业跨境并购是一个复杂的决策过程，高度依赖于企业处理信息不对称的管理能力。跨境并购决策周期长、处理信息量大、投入成本大、决策风险高、海外市场经营的不确定性高。这些情况可能会导致代理问题。因此，跨境并购决策依赖于跨国企业的治理特征。

政治嵌入本身就是政府要素参与企业经营的一种治理手段。政企关系问题是公共治理与公司治理相互作用、相互制衡的结果（陈冬华，2003）。特别是中国的制度环境存在市场不完美、产权保护水平相对较低的特点，企业仍然受到比较强的政府干预。这就容易导致董事会形成政府影响强、治理弱、专业化低的特征（Fan et al.，2007），进而产生基于政治嵌入的治理模式。

中国企业的政治嵌入会导致公司出现相应的治理特征。具有政治嵌入背景的 CEO 也会聘请更多政治嵌入特征、更少商业经验或低专业水平的董事。这是因为政治嵌入的 CEO 需要给董事会布置实施他们的政策和目标。非政治嵌入的专家或者代表股东利益的董事有可能会抵触这些政治性质的目标（Fan et al.，2007）。同时，政治嵌入企业里大股东持股现象更为普遍，这是因为分散股权意味着权利和集中决策的流失，政治嵌入企业不会允许这种情况发生。大

股东持股会减少股票的流动性，更容易出现大股东侵害小股东利益的行为。另外，由于企业要实现政治动机，大股东、政府以及小股东之间会产生目标不一致的矛盾（Chen，2010）。

良好的公司治理水平可以提升并购企业的绩效，反之则会损害企业绩效。一方面，并购是重大的战略行为，即使在最佳的环境下，也很难保证绝对赢得成功（Aybar，2009）。外部中小投资者不能参与政治嵌入企业的这些决策制定，代理人之间并不一定都支持这项投资，代理人与代理人的问题从而产生。另一方面，与其他国家的企业相比，中国企业往往出现跨境并购资产的价格溢价问题（Chen，2010），这是因为某些企业不熟悉境外市场交易规则，缺乏海外资产的估价能力，加之急于购买海外资产以满足政治动机的实现，因此，当跨境并购公告一旦公布，就意味着中小股东价值的丧失（Peng，2012）。一些外部投资者对中国跨国企业有效管理跨境并购的能力持怀疑态度。因此，外部投资者为了保全自身利益而并不看好政治嵌入企业的跨境并购交易，并降低对这类企业的投资预期。

基于以上分析，我们认为政治嵌入是透过公司治理对跨境并购企业绩效产生影响。政治嵌入会导致权力更为集中的公司治理结构，并且潜藏着大股东侵害小股东利益的风险。跨境并购交易促使小股东意识到这一风险的存在，由此造成跨境并购企业的价值降低。

综上，我们提出假设2：公司治理在政治嵌入与跨境并购绩效之间起到中介作用，即政治嵌入程度越高，公司治理的权利越集中，企业绩效越低。

三、海外经验对跨境并购企业绩效的影响

已有研究指出，中国跨国企业大多缺乏具有国际悟性的管理者，其很难与东道国当地经理、员工和政客实现无缝沟通。并且，很多中国高管忽视海外交易规则，可能把企业国际化带向边缘（Peng，2012）。并购者缺乏国际管理经验和技能，将直接导致跨境并购的失败。

一些中国企业已经意识到海外经验的重要性，开始采取改善措施。例如，增加聘任具有海外企业管理经历的董事会有利于海外知识的直接获得，提升董事会整体跨境并购的决策水平（Giannetti et al.，2015）。海外从业经验或教育

经历可以帮助经理人突破语言障碍，提高与东道国当地人员的沟通效率，熟悉海外市场交易规则，更准确地制订跨境并购决策。

此外，跨境并购经验具有一定的扩散效应。如果企业具有在多个国家的并购经验，那么该企业也能够很容易地完成在新地点（国家）的并购业务。跨境并购经验锻炼了企业了解当地并购相关法律、提供与股东意愿相一致的信息、有效地沟通战略、整合被并购企业等多方面的能力。这些能力可以复制到其他国家的并购案例中去，从而提高并购效率、减少风险（Dikova et al.，2010）。反之，如果并购企业缺乏整合并购的经验，就会在吸收被并购目标的知识中存在组织惰性，在目标企业所在国缺乏前期经验都可能抑制并购对企业绩效的增值效用。目标价格评估、资产互补性的错误识别、信息不对称以及高额被并购标的价格都会逆转并购企业的绩效（Aybar，2009）。

综上可见，董事会海外经验越丰富，跨境并购决策的稳健性就会越强，外部中小投资者对交易所产生的价值也会做出更积极的预期。

因此，得到假设 3：**跨境并购经验越丰富，跨境并购企业绩效越高。**

四、跨境并购行为对跨境并购企业绩效的影响

跨国并购通过挖掘不同市场机会为企业提供经营灵活性。一些学者认为并购增加了整体产业的效率和效益，促进了单个企业的竞争能力，对企业绩效产生积极影响。另一些学者则认为，并购可能对并购后的绩效带来负面影响，因为不良的并购对象选择会导致缺乏协同、对被并购主体的整合不足、过度融资。因此，并购对绩效的影响并不清晰（Ferreira et al.，2014）。

我们通过跨境并购前和并购后两个阶段来梳理对企业绩效可能造成的影响。首先，跨境并购之前需要制订一套完整的解决方案。做出决策制订的并购方高管需要对新增并购业务开展大量的本地检索的处理工作，还要预判并购发生的各类潜在流程。在高工作强度下，高管的决策制订可能要求更多的他们未曾接触的信息、筹备必要资金、时间或其他资源（Barkema et al.，2008）。因此，为了实现跨境并购，企业需要付出大量的检索成本和管理成本。

其次，在跨境并购业务完成后，并购企业面临着更大的增值压力。Aybar（2009）研究表明，新兴市场企业并未通过跨国并购产生更多的企业绩效，甚

至大于50%的交易显著损害了价值。并购后，整合被并购企业的困难是造成这一现象的主要原因，研究者把这个风险称作"外来者困境"。这些风险在企业文化、客户偏好、商业习惯或制度压力方面对并购企业造成困难，这些成为融合后的组织实现战略目标的阻碍（Aybar，2009）。每一个被并购企业有着自身的文化、结构和系统，这也增加了并购企业协调的整体复杂性（Barkema et al.，2008）。Peng（2000）认为，经理人所做出的战略选择内在地反映了他们的背景及经验。中国经理人基于"关系"的社会网络关系仅限于国内，在跨境并购的整合过程中很难发挥预想的作用。因此，跨境并购意味着并购方与被并购方的大量信息交换，中国并购企业很难对关键业务与被并购企业达成一致的理解，这就造成每一笔新增的并购都代表并购方要付出更多的协调成本，甚至造成整个并购交易的失败。

综合以上观点，跨境并购前的评估和并购后的整合都给企业增加了管理成本和协调成本。跨境并购投资的控制程度越高，并购企业面临的交易成本也就越高，进而最终对企业绩效产生负面影响。

由此，得到**假设**4：**跨境并购投资的控制程度越高，跨境并购的价值越低。**

我们根据研究假设绘制出变量间的框架模型，如图5.1所示。

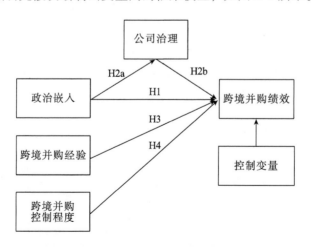

图5.1　第五章变量模型

第二节 研究设计

一、变量选取

因变量：企业绩效选用托宾 Q，它是主流的上市公司市场价值的度量指标，综合反映了企业账面资产和股票市场价值，是投资者对企业绩效增长预期的直接指标，适用于国内上市和海外上市公司（王凤彬等，2013）。本书参照王鹏等（2006）研究的计算方法，托宾 Q =（普通股市场价值 + 长期负债的账面价值 + 存货的账面价值 + 流动负债账面价值 − 流动资产账面价值）/ 总资产账面价值。选取跨境并购当年年末的托宾 Q 值作为企业绩效指标。

自变量：政治嵌入的潜变量参照第四章中测度变量的计量方法，由于本章主要关注的因变量是母公司企业绩效，政治嵌入的形式以企业与母国政府关联关系为主，东道国政治关联对企业上市绩效的影响水平非常有限。因此，在本模型中政治嵌入潜变量的构成选取了政治关联属性、董事会政治关联比例和政治网络这三个测度变量。

二、变量模型

本章在第四章研究模型的基础上进行了拓展。公司治理、跨境经验、跨境并购控制程度及控制变量的度量方法与第四章一致，此处不再赘述。本章变量模型见表 5.1。

表 5.1　第五章变量说明

变量分类	潜变量	观测变量	测量指标
因变量	企业绩效 PF	托宾 Q 值 Tobin'Q	普通股市场价值 + 长期负债的账面价值 + 存货的账面价值 + 流动负债账面价值 − 流动资产账面价值）/ 总资产账面价值）

变量分类	潜变量	观测变量	测量指标
自变量	政治嵌入 PE	政治嵌入属性 PC1	虚拟变量，董事长或总经理是否有政治背景（曾任或现任政府、军队官员，人大代表或政协委员）
		政治嵌入指数 PC2	具有政治嵌入的董事人数/董事会总人数的比例
		政治嵌入网络 PC3	巫景飞（2008）开发的企业高管政治嵌入网络测度量表
	海外经验 EX	海外经历 For	虚拟变量，董事是否具备海外经验（直接聘任外籍董事或董事具有海外留学和从业经验）
		跨境并购经验 MA Exp	虚拟变量，是否曾具备并购成功经验
	跨境并购控制程度 MA	并购控制权 Control	虚拟变量，并购标的物的股权比例小于 50% 记为 0；股权比例大于 50% 或者在公告中特别说明买方取得控制权，记为 1
		持股比例 Sub	交易中收购方占被收购方的股权比例
中介变量	公司治理 CG	大股东持股 Top1	大股东持股比例
		独立董事 Indep	独立董事人数
		董事会规模 Board	董事会总人数
		所有权形式 Own	虚拟变量，国有企业记为 1，非国有企业记为 0
控制变量	控制变量 CO	杠杆 Lev	总负债/总资产
		销售增长 Sales	（当年销售收入－上年销售收入）/上年销售收入
		企业规模 Size	Ln 总资产
		行业 Ind	虚拟变量，行业分类
		上市年限 Age	IPO 上市年份－公司成立年份
		地理距离 Geo	Ln 并购两国（地区）首都的欧式距离

第三节　描述性统计

一、描述性统计

表 5.2 报告了模型中样本总体主要变量的描述性统计情况。样本中企业的

Tobin'Q 平均数为 1.11，标准差为 1.55，最小值 - 0.49，最大值 12.56。这说明开展跨境并购的中国企业在绩效上存在着很大差异。跨境并购控制权的平均数为 0.68，标准差为 0.47，说明中国企业跨境并购过程中获得控制权的案例占主要比重。子公司股权比例的平均数为 63.86，标准差为 34.27，最小值 0.48，最大值 100，表明中国企业更愿意获得较高的子公司股权比例。销售收入均值为 29.07，总资产（取对数）均值为 22.56，说明样本企业在财务特征上存在一定差异。

表 5.2　描述性统计

	均值	标准差	最小值	最大值
Tobin'Q	1.11	1.55	- 0.49	12.56
PC1	0.64	0.48	0.00	1.00
PC2	37.15	24.33	0.00	100.00
PC3	2.31	1.90	0.00	7.00
Own	0.41	0.49	0.00	1.00
Top1	38.26	19.75	0.00	86.35
Ind	3.25	1.00	1.00	14.00
Control	0.68	0.47	0.00	1.00
Sub per	63.86	34.27	0.48	100.00
For	0.88	0.32	0.00	1.00
MA Exp	0.46	0.50	0.00	1.00
Lev	49.72	40.22	0.00	697.39
Sales	29.07	75.65	- 373.70	813.38
Size	22.56	4.30	0.00	30.66

资料来源：作者根据统计结果整理。

表 5.3 报告了按有无政治嵌入分组的主要变量描述性统计。其中，有政治嵌入的企业 Tobin'Q 均值（1.20）高于无政治嵌入的企业（0.94），并且在 5% 水平上通过 T 检验。这表明样本中政治嵌入企业的绩效表现优于无政治嵌入的企业。跨境并购的控制权方面，政治嵌入企业和无政治嵌入企业的均值分别为 0.72 和 0.62，并在 1% 水平上通过 T 检验。有政治嵌入的企业子公司股权比例

均值为 66.74%，高于无政治嵌入的均值（58.78%）。结果表明，样本中有政治嵌入企业的 Tobin'Q、跨境并购控制权、子公司股权比例均高于无政治嵌入的企业。

表 5.3　描述性统计（按政治嵌入属性分组）

	有政治嵌入		无政治嵌入		差异分析	
	均值	标准差	均值	标准差	T 检验	P 值
Tobin'Q	1.20	1.73	0.94	1.14	1.75	0.08 * *
PC2	47.14	22.68	19.49	15.58	14.21	0.00 * * *
PC3	3.02	1.88	1.06	1.15	12.80	0.00 * * *
Own	0.47	0.50	0.30	0.46	3.21	0.00 * * *
Top1	40.19	20.73	34.85	17.43	2.71	0.01 * * *
Indep	3.40	1.17	2.97	0.49	5.07	0.00 * * *
Control	0.72	0.45	0.62	0.49	2.04	0.04 * * *
sub per	66.74	33.36	58.78	35.36	2.18	0.03 * * *
For	0.89	0.31	0.87	0.33	0.56	0.58
MA Exp	0.49	0.50	0.42	0.50	1.29	0.20
Lev	48.32	24.34	52.19	58.61	-0.75	0.46
Sales	23.08	55.61	39.63	101.22	-1.79	0.07 * *
Size	22.93	4.63	21.91	3.56	2.43	0.02 * *
观测数	249		141		390	

资料来源：作者根据统计结果整理。

除此之外，表 5.3 也提供了有政治嵌入与无政治嵌入企业的财务指标的比较结果。无政治嵌入企业的销售增长率（39.63%）高于有政治嵌入的企业（23.08%）。在规模上，有政治嵌入企业的均值为 22.93，与无政治嵌入企业的水平（均值为 21.91）相近。

二、共同方法偏差检验

PLS 要求检验数据的共同方法偏差（Common Method Bias，CMB）以避免模型内部出现构念的虚假关系（梅姝娥等，2013；周志民等，2014）。如果模型因子在未旋转的情况下，第一个因子方差解释率高于 50%，则说明共同方法偏差较高，数据不能被接受。

本书应用 SPSS 22 对数据进行检验，表 5.4 表明，第一个因子的方差解释率为17.89%，小于50%，说明数据的共同方法偏差在接受范围之内。

表5.4　模型共同方法偏差

	初始特征值			萃取平方和载入		
	总计	变异的（%）	累加（%）	总计	变异的（%）	累加（%）
1	2.33	17.89	17.89	2.33	17.89	17.89
2	1.89	14.54	32.43			
3	1.51	11.62	44.05			
4	1.16	8.92	52.97			
5	1.13	8.67	61.64			
6	0.98	7.53	69.17			
7	0.94	7.20	76.37			
8	0.78	6.03	82.40			
9	0.71	5.48	87.88			
10	0.56	4.29	92.17			
11	0.52	4.00	96.17			
12	0.34	2.61	98.78			
13	0.16	1.22	100.00			

资料来源：作者根据统计结果整理。

三、相关分析

本书表5.5提供了变量间相关系数结果，系数区间范围在 −0.07 至 0.313，均小于0.9，通过CMB相关系数检验。对于CMB还可以通过检验潜变量之间的相关系数进行判断。如果两个潜变量之间的相关系数在0.9以上，则说明数据受到CMB干扰。通过两种方法检验表明，数据不受共同方法偏差问题影响。

表5.5　第五章模型潜变量相关分析

	PE	CG	MA	EP
PE	1.00			
CG	.313**	1.00		
MA	0.09	−0.01	1.00	
EP	.135**	.162**	−0.07	1.00

资料来源：作者根据统计结果整理。

注：***，表示路径系数在1%显著水平下显著（双尾）；**，表示路径系数在5%显著水平下显著（双尾）。

第四节 实证结果

一、信度效度检验

首先，为了评估本书中反映型测量的信度和效度，我们开展探索式因子分析，并确认构念的单一维度性（Steenkamp，1991）。形成型构念的测量指标不存在一致性，不会形成收敛效度（徐云杰，2011）。因此，本模型中的形成型构念无须进行信度和效度检验，包括政治嵌入、海外经验、公司治理三个潜变量。结果表明本书模型中构念的测量通过了信度和效度检验。

表 5.6 的数据分析结果显示，跨境并购控制程度的 α 值为 0.911，企业绩效 α 值为 1，均大于 0.6。跨境并购的控制程度 CR 值为 0.916，企业绩效 CR 值为 1，均大于 0.7，表明模型达到了探索型信度要求。表 5.7 显示各观测变量在各自对应的潜变量上的因子载荷都大于在其他潜变量上的因子载荷，并且潜变量（跨境并购控制程度）的 AVE 均方根大于跨境并购控制程度与其他潜变量的相关系数，因此模型具有区分效度。

表 5.6 潜变量的信度和效度检验

	Alpha	CR	AVE
企业绩效	1	1	1
跨境并购控制程度	0.911	0.916	0.864

资料来源：作者根据统计结果整理。

表 5.7 观测变量的载荷矩阵

	PF	PE	CG	EX	MA	CO
Tobin'Q	.791	−.211	−.050	.130	.043	.157
PC1	.066	.804	.098	.087	−.213	−.159
PC2	.324	.743	.029	.143	.157	−.034
PC3	.061	.814	.003	.024	.188	.107
Top1	.149	−.092	.624	−.091	.120	−.057
Indep	.255	−.048	.761	.043	.038	.061

	PF	PE	CG	EX	MA	CO
Board	.361	.177	.505	.430	.028	.118
Own	.094	- .015	.723	.144	.111	- .153
For	.047	.009	.130	.615	- .364	.260
MA Exp	.231	.050	- .135	.519	- .084	- .166
Control	.059	- .011	.046	.035	.935	- .039
Sub	.051	- .031	.069	.002	.937	- .047
Lev	- .105	.065	- .059	.418	.009	.438
Sale	- .163	- .143	.072	.037	- .002	.690
Size	.168	- .063	- .081	.142	.261	.549
Ind	.207	.055	.012	.204	.394	.403
Geo	- .026	.074	.294	- .104	.049	.447
Age	- .064	.100	.079	- .235	- .117	.773

资料来源：作者根据统计结果整理。

注：提取方法：主成因分析；旋转方法：具有 Kaiser 正规化的最大变异法。

二、实证结论

（一）模型拟合度 R^2 和预测关联性 Q^2

拟合度 R^2 的阈值与研究情景相关。管理学领域的文献中普遍引用了 Cohen 的研究结论，当 $R^2 \leqslant 0.02$ 时，表示路径关系很弱；当 $0.02 < R^2 \leqslant 0.13$ 时，表示路径关系中等；当 $0.13 < R^2 \leqslant 0.26$ 时，表示路径关系很强。（Cohen，1990；周志民，2014；梅姝娥，2013）。$Q^2 > 0$ 说明模型具有象征性的预测功能，Q^2 为 0.02，0.15，0.35 分别代表弱、中、强三个水平（Chin，1995）。从表5.8 可以看出，模型 1 的 R^2 在 $0.13 < R^2 \leqslant 0.26$ 的区间内，说明路径关系较强。$Q^2 > 0$，表明模型的交叉效度冗余符合标准，模型 1 具有象征性的预测功能。模型 2 中公司治理的 $R^2 > 0.26$ 的区间内，说明路径关系强。$Q^2 > 0$，表明模型的交叉效度冗余符合标准。企业绩效 R^2 在 $0.13 < R^2 \leqslant 0.26$ 的区间内，说明路径关系较强。$Q^2 > 0$，表明模型的交叉效度冗余符合标准，表明模型 2 也具有预测功能。

表 5.8　第五章模型的拟合度及预测关联性

潜变量	模型 1			模型 2		
	R^2	调整后 R^2	Q^2	R^2	调整后 R^2	Q^2
公司治理				0.493	0.492	0.166
企业绩效	0.193	0.185	0.101	0.184	0.174	0.088

资料来源：作者根据统计结果整理。

（二）模型路径系数和 T 值显著性

中介效应参考了 Baron et al（1986）和温忠麟等（2004）的方法进行检验。第一步在模型 1 的结构方程模型中，将企业绩效 PF 设为因变量，政治嵌入 PE 设为自变量，估计和检验路径系数为 β1。第二步在模型 2 的结构方程模型中，加入公司治理 CG，先将公司治理 CG 设为因变量，政治嵌入 PE 设为自变量，估计和检验路径系数为 β2。再将企业绩效 PF 设为因变量，公司治理 CG 设为自变量，估计和检验路径系数为 β3。第三步在模型 2 中，将企业绩效 PF 设为因变量，政治嵌入 PE 设为自变量，估计和检验路径系数为 β4。

判断中介效应是否成立的标准为：如果路径 β1，β2，β3，β4 均显著，且 β1 > β4，则公司治理有部分中介作用；如果路径 β1，β2，β3 均显著，且 β1 > β4，但 β4 不显著，则说明公司治理具有完全中介（焦豪，2011）。表 5.9 说明了检验结果。

表 5.9　第五章模型的路径系数及显著性

假设	路径	模型 1			模型 2			结论
		路径系数	T 值	显著性	路径系数	T 值	显著性	
H1	政治嵌入→企业绩效	− 0.205	3.482	0.005 ***	− 0.132	2.430	0.015 **	支持
H2	政治嵌入→公司治理				0.701	20.660	0.000 ***	支持
	公司治理→企业绩效				− 0.165	3.118	0.002 ***	支持
H3	并购经验→企业绩效	0.167	3.109	0.002 ***	0.166	2.903	0.004 ***	支持
H4	跨境并购控制程度→企业绩效	− 0.045	0.883	0.371	− 0.035	0.662	0.508	不支持
	控制变量→企业绩效	− 0.277	2.040	0.042 **	− 0.266	1.761	0.079 *	支持

注：***，表示路径系数在 1% 显著水平下显著（双尾）；**，表示路径系数在 5% 显著水平下显著（双尾）；*，表示路径系数在 10% 显著水平下显著（双尾）。

政治嵌入与跨境并购企业绩效路径系数及显著性的判断过程为：模型 1 的路径系数 β1 为 -0.205，T 值为 3.482，p < 0.01。模型 2 中路径系数 β4 为 -0.132，T 值为 2.430，p < 0.05。表明政治嵌入对跨境并购企业绩效呈显著的负相关，H1 得到支持。

公司治理对企业绩效的路径系数 β3 为 -0.165，T 值为 3.118，p < 0.01。表明公司治理对企业绩效产生负向影响。模型 1 和模型 2 的路径系数 β1，β2，β3，β4 均显著，且 β1 > β4。其中，要特别说明的是 β 值的比较不能简单按照负数大小进行比较，正负符号代表系数估计的方向，应当以 β 的绝对值作为大小进行比较，| β1 | (0.205) > | β4 | (0.132)。证明公司治理具有部分中介作用，H2 得到支持。

海外经验与跨境并购企业绩效路径系数及显著性的检验结果为海外经验对跨境并购企业绩效的路径系数为 0.166，T 值为 2.903，p < 0.01。表明海外经验对跨境并购企业绩效存在正相关关系，H3 得到支持。

跨境并购控制程度对跨境并购企业绩效的路径系数为 -0.035，T 值为 0.662，p > 0.1。表明跨境并购控制程度与跨境并购企业绩效的关系不显著，H4 未能得到支持。

图 5.2 展示了政治嵌入与跨境并购绩效的结构方程模型检验结果。

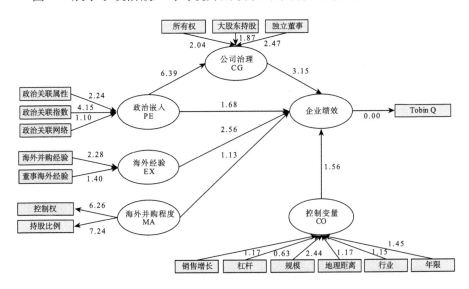

图 5.2　政治嵌入与跨境并购绩效的结构方程模型检验结果

资料来源：作者整理。

三、小结

本章关注了跨境并购企业绩效问题，并建立了政治嵌入、公司治理与跨境并购企业绩效的结构方程模型，分析了公司治理的中介作用。

首先，根据委托代理理论，跨境并购会使企业担负巨大的经营风险，而政治嵌入企业更加关注完成交易所能实现的政治使命和所带来的融资等资源。跨境并购所带来的经营风险及政治嵌入因素，均可能造成对中小股东利益的侵害问题叠加，促使投资者降低对开展跨境并购的政治嵌入企业的投资预期。通过理论分析，本书提出假设1，具有更高的政治嵌入程度的并购企业，其并购后企业绩效会更低。实证检验支持了这一假设。这一结论帮助我们认识到政治嵌入如何影响跨境并购企业绩效的内在机制。

其次，中国企业的政治嵌入会导致公司出现相应的治理特征。例如，董事会组建会聘请有政治背景的CEO、有更多政治背景董事的董事会。跨境并购决策依赖于跨国企业的治理特征，政治嵌入企业的治理模式抑制了外部投资者对跨境并购决策参与的可能性，容易导致大股东侵害小股东。基于这一逻辑，我们提出假设2，政治嵌入是透过公司治理对跨境并购企业绩效产生影响。当政治嵌入性越高，并购企业愿意选择权力集中的公司治理方式。公司治理的权力集中程度越高，并购企业在市场的市值表现就会越低。结构方程模型分析的结果支持了这一假设。研究结论表明，公司治理在政治嵌入和跨境并购企业绩效的关系中起中介作用。

最后，本章也关注了海外经验与跨境并购企业绩效的关系。实证结论证明，当董事会海外经验和跨境并购成功经验越丰富，跨境并购决策越趋向于稳健，企业绩效就会越好。

此外，本章还探索了跨境并购行为对跨境并购企业绩效的影响。从跨境并购前和并购后两方面来识别跨境并购行为可能存在的风险。并购前，企业需要付出大量管理成本进行信息搜集。并购后，基于"关系"的社会网络中国经理人在跨境并购交易中存在局限性，难以有足够能力去有效整合被并购后的资产。由此我们提出假设：跨境并购控制程度越高，则企业绩效越低。但这一假设未能在后续的实证检验中获得支持。可能存在以下原因：①跨境并购行为中掌握对方被并购资产控制权，也许可以为投资者释放积极信号，侧面反映企业投资实力，进而不会造成企业绩效降低；②在跨境并购行为与跨境并购企业绩效上可能存在中间变量。

结合第四章的结论，我们构建了一个比较完整的"结构—行为—绩效"模型，可以对政治嵌入（结构）—跨境并购行为—跨境并购企业绩效进行完整的实证检验过程。中国企业在母国的政治嵌入越深，那么选择更为积极的跨境并购行为的可能性越高，即掌握跨境并购资产更多的控制权。而政治嵌入程度越深，跨境并购企业的绩效越低，第五章验证了这一结论。虽然从统计角度，我们并没有获得跨境并购行为对跨境并购企业绩效影响的显著结论，但是，从逻辑关系的角度，我们确实可以组织出这样的一个逻辑线条：正是由于政治嵌入，企业获得更多政治网络上的地位优势，进而开展积极甚至可能激进的跨境并购投资行为。同时，我们在第四章验证了海外经验越丰富的企业更倾向选择保守的跨境并购投资行为。反之，海外经验不足会导致积极的跨境并购行为。这种盲目的跨境并购行为会隐性地损害了企业的绩效，从侧面验证了积极的跨境并购投资风格会导致企业绩效下降的逻辑关系。

本章的理论贡献主要有两点：①在中国企业跨境并购的研究情景下，建立并丰富了政治嵌入与公司治理的联系。Fan et al（2007）认为，具有政治嵌入背景的 CEO 会聘请更多有政治嵌入特征的董事。本书拓展了公司治理的测度变量，实证检验了政治嵌入程度越高、公司治理的权利越集中的假设。当企业从结构上在国内政治网络的嵌入性越高，那么公司治理结构表现为更多的国有控股、更高的大股东持股比例和规模更大的董事会。这种治理模式下，存在着更高的大股东侵害小股东利益的可能性，投资者会怀疑跨境并购的增值预期。②整合了公司治理和社会网络理论，研究了中国企业跨境并购企业绩效问题。委托代理理论认为委托人（股东）与代理人（高管）之间的治理关系会影响企业的 FDI 决策（Hoskisson et al.，2002）。Ning et al（2014）认为当大股东为政府或创始人时，会加剧代理人（大股东）—代理人（中小股东）的困境，并购公告会对海外市场股价表现产生负面影响。

以上文献都没有提及中国企业特有的政治嵌入特征，以及政治嵌入所导致的治理结构对委托代理关系和代理人—代理人关系可能产生的影响。本章拓展了所有权的局限，验证了政治嵌入造成的代理人—代理人矛盾，因此跨境并购事件会引起中小投资者的负面预期，造成企业绩效下降。本章在单一理论背景的基础上，整合了公司治理和社会网络两种理论的内部联系。既关注了董事会内部成员结构的不同特征对跨境并购可能带来的影响，又强调了政治嵌入和公司治理的共同影响，弥补了单一理论的解释不足，丰富了理论研究视角。

第六章　政治嵌入对跨境并购行为及绩效的影响：制度的调节作用

本章是在前两章的研究基础之上，引入制度环境要素，检验制度环境是否在政治嵌入与跨境并购行为关系、政治嵌入与跨境并购企业绩效关系中存在调节作用。

首先，本章强调中国跨境并购企业需要面对内部和外部双重制度考验，构建了国内制度压力与国际制度距离的研究情景，并提出了四个假设。接着，在前两章研究模型的基础上，加入了制度压力和制度距离的调节变量。然后，通过结构方程模型信度效度检验，获得了假设检验的回归结果及本章研究结论。

第一节　研究假设

制度理论在跨境并购研究中的地位日益重要，对于国与国之间制度环境差异所造成的决策影响有着较强的解释力。Peng et al（2009）认为制度基础观的出现成为了继产业基础观、资源基础观之后的第三大战略管理主流理论，弥补了前两大视角对情景因素缺乏重视的问题。

然而，从制度理论视角对跨境并购问题进行的研究数量相对有限。已有研究大多聚焦于发达国家的 FDI，它们往往已经建立了稳定而复杂的制度，并且对投资国具有制度优势。然而，来自新兴经济体的并购企业则面临更多来自制度上的考验。并购方与被并购方之间存在着巨大的制度差距，可能会影响跨境并购交易的成败。因此，中国企业的跨境并购业务必须基于制度视角，对母国环境和东道国制度环境进行充分考虑。

在不同的制度环境下，跨国企业的战略决策被制度差异所影响。在比较制度分析文献中，这类不一致被视作是一种国际经营实验或创新。与之相反，国际商务研究中，制度被视为跨国企业经营活动的束缚（Geppert，2011）。制度作为稳定且有影响的社会组成影响着组织行为，鲜有学者开展在不同制度背景如何塑造组织行为，以实现跨境并购成功的研究。

跨国企业面临的制度可以分为内部制度压力和外部制度差异（Slangen，2010）。两种制度在不同角度对跨境并购行为和并购企业绩效构成影响。本书认为，中国企业跨境并购面临着来自母国的制度压力和来自东道国的制度差异的双重作用。

母国制度压力是中国企业所接受的来自政府的行政安排或政策调控左右着跨境并购的意愿，形成并购企业参与国际经营的原始动机。相对应地，东道国的制度差异是中国企业在对外投资过程中，必须要熟悉和掌握的一系列与本国情况不同的法律、市场规则和沟通方法，对中国并购企业适应制度环境、做出准确的跨境并购决策带来了风险和考验。因此，我们必须将母国制度压力和东道国制度距离两个制度环境变量考虑到研究模型中来，将跨境并购行为置于完整的制度比较框架下进行分析。

一、制度压力在政治嵌入与跨境并购行为关系中的调节作用

为了实现增强国际影响的目标，政府会开展若干政策来推进企业 FDI 决策，这些政策包括低融资、税收优惠、补贴等资源支持。新兴市场的跨国企业可能通过跨国并购获得自然资源的渠道，建立国际知名品牌的声誉和管理经验。这些动机变化为研究来自新兴经济体的跨境并购带来更为丰富的情景。（Ferreira，2014）。

值得注意的是，政治嵌入的企业更愿意服从政府安排，更有可能会通过并购海外旗舰企业而获得扩张，以完成海外投资。基于网络理论，政治嵌入程度深的企业会更受到政府政策的影响，政府政策也会促进其跨境并购动机的形成。企业与政府之间存在一定的行政管理纽带，并且，政府还可以通过刺激政策来引导政治嵌入企业服从安排。政治嵌入程度深的企业更能够理解母国政府的政策，企业会透过执行政策来获得相应的便利条件，也可以通过完成跨境并

购事件来制造声誉。

为了实现以上目标，企业会选择适当的进入模式。政治嵌入程度高的中国企业更愿意在国际化网络中获得高中心性，以获得市场机会的信息、连接东道国当地资源的渠道，从而进一步拓展国际化网络的边界和范围（AL - Laham，2010）。因此，政治嵌入程度高的企业更愿意以高承诺水平的投资方式获取在国际经营网络中的位置，而取得被并购企业的控制权或提高控股水平，就是最为便捷的手段。

基于以上分析，本书认为国内制度压力调节了政治嵌入与跨境并购投资程度之间的关系。随着国内制度压力加大，政治嵌入水平高的企业更愿意选择高承诺水平的跨境并购投资方式，其增加对被并购企业的投资水平的可能性越大。由此，提出本章的第一个假设：

假设1：制度压力在政治嵌入与跨境并购控制权之间起正向调节作用。即（国内）制度压力越大，政治嵌入程度越深的企业，跨境并购控制权越高。制度压力越小，政治嵌入程度越低的企业，跨境并购控制权越低。

二、制度距离在政治嵌入与跨境并购行为关系中的调节作用

跨国企业在海外建立增值业务，意味着开始在全新的社会文化、政治和法律环境下开展经营，也因此面临来自海外市场的正式制度和非正式制度的威胁（Slangen et al.，2010）。跨国企业所面临的正式制度主要依赖于东道国的治理系统质量，被定义为"政府所制定的公共制度和政策作为经济、法律和社会关系的框架"（Globerman et al.，2003）。东道国治理系统的质量越低，则代表政治不稳定水平和腐败程度越高，政府突然实施对外资企业的不利政策的概率也越高。

因此，一个东道国国家的治理系统的效率越低，那么跨国企业在该国所面临的正式制度风险越高。并且，并购标的所在国的宏观经济和投资者保护情况是跨国并购的决定因素。东道国国家的影响甚至超越了跨国并购交易的公司本身的作用。研究认为，一个国家的经济发达、商业氛围友好会增加被并购标的跨国并购的可能性。并购方国家的产权保护水平越低，完成并购交易的可能性越低（Pablo，2009）。

跨国企业所面临的非正式制度威胁的程度与母国和东道国之间的文化距离有关（Slangen et al.，2010）。当文化距离越大，在两国间的组织和管理实践、沟通与谈判方式、预期行为、客户偏好的差异就会越大（Campbell et al.，1988；Hofstede，1980）。正式和非正式制度差异是潜在的跨国并购交易的破坏者（Eden，2010）。

相比非政治嵌入企业，在母国拥有政治嵌入的企业更具有社会地位优势。由于社会地位优势具有信号作用，可以从一个市场传递到另一个市场（Guler et al.，2010），因此，政治嵌入企业也会在国际拓展过程中发挥网络价值。而拥有社会地位优势的企业通过信号作用，为企业在东道国市场赢得一定声誉，进而克服或减轻国际化行为所带来的负担。

随着与东道国的制度距离加大，社会地位所带来的声誉优势会逐渐减弱。政治嵌入企业变得难以克服国际化带来的风险。东道国制度距离越大，政治嵌入企业会选择更为谨慎的投资行为，以降低跨境并购控制的程度。因此，提出本章第二个假设：

假设2：东道国制度距离对政治嵌入与跨境并购控制程度之间关系起负向调节作用。即当制度距离越大，政治嵌入对跨境并购控制程度的积极影响越小；当制度距离越小，政治嵌入对跨境并购控制程度的积极影响越大。

假设1和假设2都是在第四章"政治嵌入与跨境并购控制程度"研究模型基础上引入了（母国）制度压力与（东道国）制度距离，新的构念模型如图6.1所示。

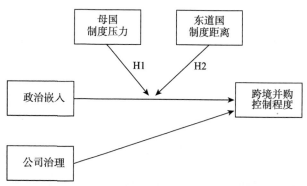

图6.1　制度压力、制度距离调节政治嵌入与跨境并购控制程度关系的模型

三、制度压力在政治嵌入与企业绩效关系中的调节作用

在政府推行企业国际化的政策背景下，政治嵌入企业更容易受到政策的压力并予以执行。这是因为政治嵌入企业可能面临更多的政治干预，因而经济活动有着向政治目标转移的倾向。已有研究也实证了中国企业所有权优势会积极影响国际化扩张程度（Yiu，2007）。也就是说，国有企业和具有政治嵌入的民营企业更有动力跟随政府安排，做出跨境并购决策。外生的政策压力更多地促进了政治嵌入企业的对外投资决策，而企业的内生海外市场扩张驱动的可能性较低。

由于跨境并购本身会使企业背负巨大的经营成本，跨境并购所带来的经营风险以及政治嵌入企业本身，可能造成对中小股东利益的侵害问题，这些因素的共同作用，最后导致投资者更加怀疑政治嵌入企业所做出的跨境并购决策的合理性。

当政府推行国际化政策的力度越强，政治嵌入企业承受制度的压力越大，开展跨境并购投入的精力和成本越多，随之而来，造成企业绩效的负面影响程度越高。国内制度压力加强了政治嵌入对企业绩效的负面影响。因此，我们提出第三个假设：

假设 3：制度压力在政治嵌入与跨境并购企业绩效的既有关系中起正向调节作用。当制度压力越大，政治嵌入对并购企业绩效的负向影响越大；当制度压力越小，政治嵌入对跨境并购企业绩效的负向影响越小。

四、制度距离在政治嵌入与企业绩效关系中的调节作用

如假设 2 所述，与东道国的制度距离体现在正式制度和非正式制度两个方面。正式制度中，东道国治理系统的质量差异可能对跨境投资安全性造成威胁；非正式制度的文化距离可能影响跨境并购微观商业行为的顺利与否。正式制度和非正式制度的差异增加了跨境并购交易的不确定性。

跨国企业往往在跨境并购交易中遭遇"外来者劣势"（Eden et al.，2004）。在正式制度方面，中国跨国企业的公司治理缺乏控制高管和跨境并购撤回的机制，经常出现跨境并购资产的过度支付问题（Peng，2012）。并且，在基于规

则的环境中，外来者需要锻炼市场竞争力而非构建网络（Peng，2003）。政治嵌入企业往往善于利用政治网络资源，而疏于海外市场竞争能力的培养。

在非正式制度方面，中国企业高管习惯利用政治网络掌握政策动态和保持商业优势（巫景飞等，2008）。但在中国跨境并购实践中，中国经理人不熟悉东道国游戏规则，缺乏国际领悟力，很难做到与东道国当地经理、员工、政客的无缝沟通（Peng，2012）。

基于以上分析，本书认为当制度距离越大，中国政治嵌入企业所面临的经营的风险越大，外部投资者对跨境并购交易的未来预期越低，企业绩效下降越明显。因此，提出第四个假设：

假设4：制度距离在政治嵌入与跨境并购企业绩效的既有关系中起正向调节作用。当制度距离越大，政治嵌入对企业绩效的负向影响越大；当制度距离越小，政治嵌入对企业绩效的负向影响越小。

图6.2为第六章假设所构成的研究模型。

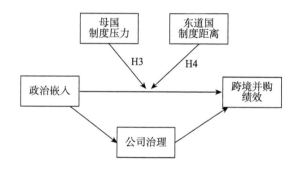

图6.2　制度压力、制度距离调节政治嵌入与跨境并购控制程度关系的模型

第二节　研究设计

本章模型沿用了第四章和第五章的变量设计和计量方法，并加入了制度压力及制度距离两个调节变量。因此，与前文重复的变量选取就不再赘述。

一、变量选取

制度压力特指企业受到中国国内"走出去"政策推动的直接对外投资压

力。据张晶晶（2015）的研究，2008 年国内开展了一系列简政放权的措施，施行了简化审批、放松外汇管制、财政金融支持等政策。2008 年全球金融危机，大量海外优质资产处于价格低谷。中国企业顺应这一趋势，对外投资流量同比增长 110%。跨境并购交易金额当年突破 100 亿元，此后投资额一直维持在这一量级逐年增长。本书选用二分法对中国国内推行"走出去"政策的制度情景进行划分，以跨境并购事件是否在 2008 年之前或之后进行区分，1 代表在 2008 年前发生的跨境并购事件，0 代表在 2008 年后发生的跨境并购事件。

制度距离的选取。本书参考李康宏（2015）的方法，选用管制制度距离作为制度距离的测度变量。管制制度距离是指东道国为确保整个社会的稳定和有序而制定的法律、法规。管制距离越大，表明东道国的制度水平越高，企业越容易获得合法性。管制制度距离的测度以全球经济治理指数为基础，计算东道国与中国之间在当年各项分项指标的加权平均差。计算公式为：

$$X_{f\_dj} = \frac{1}{6} \sum_{i=1}^{6} \left\{ \frac{(I_{ij} - I_{ih})^2}{\sigma_i^2} \right\} \quad i = 1, 2, 3, 4, 5, 6 \tag{6.1}$$

X_{f_dj} 为 j 国与中国的正式制度距离，I_{ij} 指的是 j 国在指标 i 上的得分，I_{ih} 指中国在指标 i 上的得分。$i = 1$：民主议政；$i = 2$：政治稳定；$i = 3$：政府效率；$i = 4$：监管质量；$i = 5$：法制环境；$i = 6$：腐败控制。σ_i^2 代表第 i 个指标的方差。

二、变量模型

表 6.1　第六章变量说明

变量分类	潜变量	观测变量	测量指标
因变量	跨境并购企业绩 PF 效	托宾 Q 值 Tobin'Q	同表 5.1
	跨境并购控制程度 MA	并购控制权 Control	同表 4.6
		持股比例 Sub	同表 4.6

变量分类	潜变量	观测变量	测量指标
自变量	政治嵌入 PE	政治关联属性 PC1	同表 4.6
		政治关联指数 PC2	同表 4.6
		政治关联网络 PC3	同表 4.6
		跨境政治关联 PC4	同表 4.6
	公司治理 CG	大股东持股 Top1	同表 4.6
		独立董事比例 Indep	同表 4.6
		董事会规模 Board	同表 4.6
		所有权形式 Own	同表 4.6
	海外经验 EX	董事会海外经验 For	同表 4.6
		跨境并购经验 MA Exp	同表 4.6
调节变量	制度距离 Inst Dis	制度距离 Inst Dis	公式 6.1
	制度压力 Inst Pr	政策阶段 Inst Pr	虚拟变量，跨境并购事件是否在 2008 年之，是为 1，否为 0
控制变量	控制变量 CO	杠杆 Lev	同表 4.6
		销售增长 Sales	同表 4.6
		企业规模 Size	同表 4.6

第三节　描述性统计

由于本章检验模型是针对第四章、第五章的主要变量开展的调节效应分析，模型主要变量的描述性统计已在上两章汇报，本章不再赘述。

一、共同方法偏差检验

PLS 要求检验数据的共同方法偏差（Common Method Bias，CMB）以避免模型内部出现构念的虚假关系（梅姝娥等，2013；周志民等，2014）。如果模型因子在未旋转的情况下，第一个因子方差解释率高于 50%，则说明共同方法偏差较高，数据不能被接受。表 6.2 表明模型第一个因子的方差解释率为 17.46%，小于 50%，说明数据的共同方法偏差在接受范围之内。

表6.2　第六章模型共同方法偏差

元件	初始特征值			萃取平方和载入		
	总计	变异的（%）	累加（%）	总计	变异的（%）	累加（%）
1	3.49	17.46	17.46	3.49	17.46	17.46
2	1.97	9.87	27.33			
3	1.67	8.33	35.66			
4	1.44	7.19	42.85			
5	1.23	6.14	48.99			
6	1.17	5.83	54.82			
7	1.03	5.14	59.96			
8	1.00	5.00	64.96			
9	0.96	4.81	69.77			
10	0.88	4.38	74.15			
11	0.82	4.09	78.24			
12	0.76	3.80	82.04			
13	0.72	3.58	85.62			
14	0.64	3.18	88.80			
15	0.59	2.96	91.76			
16	0.49	2.47	94.23			
17	0.40	1.98	96.21			
18	0.36	1.80	98.01			
19	0.24	1.21	99.22			
20	0.16	0.78	100.00			

资料来源：作者根据统计结果整理。

二、相关分析

如果两个构念之间相关系数在0.9以上，则说明数据受到CMB干扰。表6.3提供了变量间相关系数结果，系数区间范围在 -0.127 至0.444，均小于0.9，通过CMB相关系数检验。检验表明数据不存在共同方法偏差。

表6.3　第六章模型潜变量相关分析

	PE	MA	CG	EX	Inst Pr	Inst Dis
PE	1					
MA	.112*	1				
CG	.444**	.051	1			
EX	.155**	−.074	.160**	1		
Inst Pr	−.127*	−.050	−.124*	.092	1	
Inst Dis	−.102*	−.048	−.096	−.056	.044	1

资料来源：作者根据统计结果整理。

第四节　实证结果

一、信度和效度检验

本节我们沿用第四章的模型效度评价标准从 Cronbach's alpha、组合信度、平均抽取方差三种指标进行评估。其中，当 $\alpha > 0.8$，模型为理想；$0.7 < \alpha < 0.8$，为可接受范围；$0.6 < \alpha < 0.7$ 为以探索目的的可接受范围。组合信度（CR）> 0.7，表明模型在可信范围。聚合效度 AVE > 0.5，则认为量表具有较好的聚合效度（Fornell，1981）。构念区分效度的评判标准为，各观测变量在潜变量上的因子载荷大于其在其他建构变量上的因子载荷。并且，潜变量的 AVE 均方根大于该潜变量与其他潜变量之间的相关系数，则视为具有区分效度。当测度变量为1个变量时，潜变量的信度、效度值均为1。

（一）假设1：政治嵌入→跨境并购控制程度，调节变量：制度压力

表6.4表明假设1的潜变量均符合信度、组合效度检验。表6.5表明假设1的因子载荷符合构念区分效度的评判标准。

表6.4　第六章假设1潜变量的信度和效度检验

	Alpha	CR	AVE
政治嵌入*制度压力	1.000	1.000	1.000
制度压力	1.000	1.000	1.000

	Alpha	CR	AVE
海外经验	1.000	1.000	1.000
跨境并购控制程度	0.911	0.957	0.918

资料来源：作者根据统计结果整理。

表6.5 第六章假设1观测变量的载荷矩阵

	MA	PE	CG	EX	CO	Inst Pr
Control	.934	−.007	.061	.066	−.056	−.002
Sub	.935	−.032	.047	.088	−.047	−.003
PC1	.024	.716	.102	.153	.004	−.297
PC2	.305	.777	.023	.127	−.065	−.059
PC3	.066	.849	.012	−.077	.064	.067
PC4	.139	.611	.075	.141	.267	−.288
Top1	.163	−.095	.625	−.069	−.024	−.116
Indep	.273	−.035	.717	.027	.069	.234
Board	.012	.213	.513	.302	−.045	.330
Own	.143	−.035	.707	.131	−.228	−.062
For	.094	.123	−.077	.792	−.009	.038
MA Exp	−.044	.089	.035	.607	.249	.138
Lev	.013	.050	−.075	.159	.655	−.091
Sales	−.095	−.122	.082	−.121	.630	.149
Size	.228	−.015	−.079	.097	.567	.047
Ind	−.087	.095	−.016	.337	.327	.309
Age	−.082	.076	.043	−.178	.801	.021
Geo	−.021	−.090	.279	−.058	.445	−.027
Inst Pr	−.106	−.214	−.042	.001	−.025	.634

资料来源：作者根据统计结果整理。

（二）假设2：政治嵌入→跨境并购控制程度，调节变量：制度距离

研究对假设2进行了信度效度检验。表6.6表明，假设2的潜变量均符合信度、组合效度检验。表6.7表明，假设2的因子载荷符合构念区分效度的评判标准。

表6.6　第六章假设2潜变量的信度和效度检验

	Alpha	CR	AVE
跨境并购控制程度	0.911	0.957	0.918

资料来源：作者根据统计结果整理。

表6.7　第六章假设2观测变量的载荷矩阵

	MA	PE	CG	EX	CO	Inst Dis
Control	.931	−.020	.067	.065	−.004	−.073
Sub	.932	−.042	.052	.086	−.006	−.073
PC1	.033	.704	.107	.158	−.301	.126
PC2	.335	.768	.034	.117	−.056	−.025
PC3	.058	.848	.009	−.086	.063	.091
PC4	.132	.623	.133	.054	−.276	.381
Top1	.164	−.082	.623	−.082	−.101	−.005
Indep	.287	−.029	.707	.018	.248	−.017
Board	.015	.207	.534	.276	.344	−.128
Own	.143	−.009	.725	.117	−.045	−.164
For	.093	.032	−.118	.795	.048	−.003
MA Exp	−.059	.091	.034	.585	.150	.328
Lev	.012	.057	−.062	.145	.659	−.073
Sales	−.109	−.158	.082	−.117	.620	.276
Size	.235	.060	−.075	.083	.560	−.033
Ind	.316	.106	−.009	.324	.332	−.083
Age	−.073	.085	.052	.033	.802	−.113
Geo	−.027	−.021	.305	−.060	.417	.151
Inst Dis	−.025	.304	−.010	−.054	.002	.358

资料来源：作者根据统计结果整理。

（三）假设3：政治嵌入→企业绩效，调节变量：制度压力

表6.8表明假设3的因子载荷符合构念区分效度的评判标准。表6.9表明假设3的因子载荷符合构念区分效度的评判标准。

表 6.8　第六章假设 3 潜变量的信度和效度检验

	Alpha	CR	AVE
政治嵌入 * 制度压力	1.000	1.000	1.000
企业绩效	1.000	1.000	1.000
制度压力	1.000	1.000	1.000
跨境并购控制程度	0.911	0.917	0.868

资料来源：作者根据统计结果整理。

表 6.9　第六章假设 3 观测变量的载荷矩阵

	PF	PE	CG	EX	MA	CO	Inst Pr
Tobin'Q	.800	− .184	− .056	.117	.051	.051	.161
PC1	.056	.814	.088	.097	− .220	− .088	− .151
PC2	.300	.777	.016	.093	.154	− .082	.015
PC3	.067	.811	.009	.009	.167	.118	.020
Top1	.156	− .090	.603	− .100	.153	− .013	− .071
Indep	.241	− .042	.766	.059	.079	.121	.150
Board	.368	.165	.523	.390	.037	.095	.167
Own	.133	− .033	.690	.107	.144	− .220	− .033
For	.015	.161	.025	.652	− .340	.225	.119
MA Exp	.117	.122	− .067	.753	− .064	− .075	.102
Control	.051	− .012	.040	.059	.939	− .039	− .026
Sub	.042	− .034	.009	.084	.941	− .033	− .029
Lev	− .011	.059	− .088	.228	− .014	.649	− .083
Sales	− .092	− .112	.051	− .143	− .075	.725	.083
Size	.125	.105	− .062	.213	.294	.556	− .160
Ind	.258	.045	.000	.292	− .053	.384	.346
Age	.018	− .161	.273	− .172	.037	.435	.129
Geo	− .068	.099	.075	− .176	− .073	.814	− .051
Inst Pr	− .146	− .229	− .019	.027	.040	− .128	.695

资料来源：作者根据统计结果整理。

（四）假设 4：政治嵌入→企业绩效，调节变量：制度距离

表 6.10 表明，假设 4 的因子载荷符合构念区分效度的评判标准。表 6.11 表明，假设 4 的因子载荷符合构念区分效度的评判标准。以上结果表明本书模型中的反映型构念的测量通过了信度和效度检验。

表6.10 第六章假设4潜变量的信度和效度检验

假设4	Alpha	CR	AVE
政治嵌入＊制度距离	1.000	1.000	1.000
企业绩效	1.000	1.000	1.000
制度距离	1.000	1.000	1.000
跨境并购控制程度	0.911	0.917	0.868

资料来源：作者根据统计结果整理。

表6.11 第六章假设4观测变量的载荷矩阵

	PF	PE	CG	EX	MA	CO	Inst Dis
Tobin'Q	.791	−.230	.105	−.050	−.077	.039	.129
PC1	.046	.817	.069	.078	.077	.224	−.151
PC2	.332	.742	.151	.030	.031	−.137	−.031
PC3	.090	.807	.046	.013	−.034	−.176	.138
Top1	.135	−.102	.641	−.068	.042	−.110	−.032
Indep	.243	.004	.750	.077	−.120	.015	−.008
Board	.357	.195	.472	.031	.022	−.469	.082
Own	.090	.129	.716	−.006	.105	−.088	−.163
For	.013	.046	.113	.621	.083	.388	.286
MA Exp	.198	.078	−.126	.574	−.059	.080	−.107
Control	.052	−.017	.027	.049	.949	−.040	−.029
Sub	.045	−.039	.046	.062	.949	−.005	−.040
Lev	−.105	.018	.014	−.089	.051	.488	.348
Sales	−.184	−.166	.120	.064	.017	.670	.000
Size	.131	−.227	.103	−.004	−.067	.642	−.011
Ind	.211	.048	−.369	−.003	−.009	.461	.139
Age	.051	.154	.012	.092	−.065	.837	.012
Geo	−.061	.112	.172	.092	.031	.725	−.312
Inst Dis	.000	−.039	−.055	.014	−.038	.008	.871

资料来源：作者根据统计结果整理。

二、实证结论

在模型构念通过信度和效度检验后，对 PLS－SEM 结构模型的主要假设进行检验，选用了与第四章、第五章一致的 Bootstrapping 算法。检验结果如下：

（一）假设1：政治嵌入 - > 跨境并购控制程度，调节变量：制度压力

表6.12 表明假设1模型的 R^2 在 $0.02 < R^2 \leq 0.13$ 的区间内，说明路径关系中等（梅姝娥等，2013；周志民等，2014）。从 $\triangle R^2 > 0$，证明调节效应成立。并且，该模型 Q^2（0.042）> 0 说明模型具有一定的预测功能。需要说明的是 R_0^2 为政治嵌入与跨境并购控制程度回归模型（第四章第四节）获得的拟合度结果。R_1^2 为政治嵌入 * 制度压力的交互项与跨境并购控制程度回归模型获得的拟合结果。

表6.13 表明交互项政治嵌入 * 制度压力的路径系数为0.087，T值2.033，P值 < 0.05。政治嵌入→跨境并购控制程度的路径系数 0.128，T值2.200，P值 < 0.05。检验结果支持假设1，说明国内制度压力正向调节政治嵌入与跨境并购控制程度之间的关系。表6.14 通过 F^2 值评估了模型调节效用大小。判断标准0.02，0.15，0.35 分别代表模型调节作用弱、中、强三个水平。政治嵌入 * 制度压力的 F^2 为0.021，说明模型具有较弱水平的调节作用。

表6.12　第六章假设1模型的拟合度及预测关联性

潜变量	R_0^2	R_1^2	$\triangle R^2$	Q^2
跨境并购控制程度	0.094	0.106	0.012	0.042

资料来源：作者根据统计结果整理。

表6.13　第六章假设1模型的路径系数及显著性

假设	路径	路径系数	T值	显著性	结论
H1	政治嵌入 * 制度压力→跨境并购控制程度	0.087	2.033	0.042 * *	支持
	政治嵌入→跨境并购控制程度	0.128	2.200	0.028 * *	
	海外经验→跨境并购控制程度	-0.100	1.939	0.053 *	
	公司治理→跨境并购控制程度	0.065	0.838	0.402	
	制度距离→跨境并购控制程度	-0.012	0.345	0.730	
	控制变量→跨境并购控制程度	0.163	1.761	0.079	

资料来源：作者根据统计结果整理。

注：* * *，表示路径系数在1%显著水平下显著（双尾）；* *，表示路径系数在5%显著水平下显著（双尾）；*，表示路径系数在10%显著水平下显著（双尾）。

表 6.14 第六章假设 1 模型的调节效应规模

路径	F²
政治嵌入 * 制度压力→跨境并购控制程度	0.021
政治嵌入→跨境并购控制程度	0.019
海外经验→跨境并购控制程度	0.006
公司治理→跨境并购控制程度	0.055
制度距离→跨境并购控制程度	0.030
控制变量→跨境并购控制程度	0.024

资料来源：作者根据统计结果整理。

（二）假设 2：政治嵌入→跨境并购控制程度，调节变量：制度距离

表 6.15 表明假设 2 模型的 R^2 在 $0.02 < R^2 \leq 0.13$ 的区间内，说明路径关系中等（梅姝娥等，2013；周志民等，2014）。假设 2 模型 Q^2（0.033）＞0 说明模型具有一定的预测功能。其中，表 6.15 中 R_0^2 为政治嵌入与跨境并购控制程度回归模型（第四章第四节）获得的拟合度结果。R_1^2 为政治嵌入 * 制度距离的交互项与跨境并购控制程度回归模型获得的拟合结果。表 6.16 表明，交互项政治嵌入 * 制度距离的路径系数 -0.042，T 值 0.879，P 值 >0.1。交互项系数为负，关系不显著。因此，模型的假设 2 并未得到支持。

表 6.15 第六章假设 2 模型的拟合度及预测关联性

潜变量	R_0^2	R_1^2	$\triangle R^2$	Q^2
跨境并购控制程度	0.094	0.102	0.008	0.033

资料来源：作者根据统计结果整理。

表 6.16 第六章假设 2 模型的路径系数及显著性

假设	路径	路径系数	T 值	显著性	结论
H3	政治嵌入 * 制度距离→跨境并购控制程度	-0.042	0.879	0.380	不支持
	政治嵌入→跨境并购控制程度	0.136	2.372	0.018	
	海外经验→跨境并购控制程度	-0.109	2.241	0.025	
	公司治理→跨境并购控制程度	0.058	0.887	0.375	
	制度距离→跨境并购控制程度	-0.012	0.345	0.730	
	控制变量→跨境并购控制程度	0.009	0.289	0.773	

资料来源：作者根据统计结果整理。

注：＊＊＊，表示路径系数在 1% 显著水平下显著（双尾）；＊＊，表示路径系数在 5% 显著水平下显著（双尾）。

（三）假设 3：政治嵌入→企业绩效，调节变量：制度压力

表 6.17 说明本模型的 R^2 在 $0.13 < R^2 \leqslant 0.26$ 的区间内，说明路径关系较强。从 $\triangle R^2 > 0$，证明交互项增强了模型原有的拟合程度，但交互项本身不具备显著性，因此，模型的假设并没有得到支持。表 6.17 中 R_0^2 为政治嵌入与企业绩效模型（第六章）获得的拟合度结果。R_1^2 为政治嵌入 * 制度压力的交互项与企业绩效回归模型获得的拟合结果。

表 6.18 表明交互项政治嵌入 * 制度压力的路径系数 -0.043，T 值 0.988，P 值 >0.1。政治嵌入→企业绩效的路径系数 -0.189，T 值 2.674，P 值 < 0.01。假设 3 未得到支持。交互项增强了模型原有的拟合程度，但交互项本身不具备显著性，因此，模型的假设并没有得到支持。

表 6.17   第六章假设 3 模型的拟合度及预测关联性

潜变量	R_0^2	R_1^2	$\triangle R^2$	Q^2
公司治理	0.163	0.164	0.001	0.057
企业绩效	0.209	0.216	0.007	0.124

资料来源：作者根据统计结果整理。

表 6.18   第六章假设 3 模型的路径系数及显著性

假设	路径	路径系数	T 值	显著性	结论
H3	政治嵌入 * 制度压力→企业绩效	-0.043	0.988	0.323	不支持
	政治嵌入→企业绩效	-0.189	2.674	0.008 * * *	
	政治嵌入→公司治理	0.399	5.366	0.000 * * *	
	公司治理→企业绩效	-0.194	2.832	0.005 * * *	
	并购经验→企业绩效	0.169	2.762	0.006 * * *	
	跨境并购控制程度→企业绩效	-0.047	0.956	0.339	
	制度压力 > 企业绩效	-0.017	0.455	0.649	
	控制变量→企业绩效	-0.229	1.630	0.103	

资料来源：作者根据统计结果整理。

注： * * *，表示路径系数在 1% 显著水平下显著（双尾）； * *，表示路径系数在 5% 显著水平下显著（双尾）； *，表示路径系数在 10% 显著水平下显著（双尾）。

（四）假设 4：政治嵌入→企业绩效，调节变量：制度距离

由表 6.19 可以看出，本模型的 R^2 在 $0.13 < R^2 \leqslant 0.26$ 的区间内，说明路

径关系较强。表 6.20 表明交互项政治嵌入 * 制度距离的路径系数 − 0.033，T值 1.053，P 值 > 0.1。政治嵌入→企业绩效的路径系数 − 0.055，T 值 0.851，P 值 > 0.1。假设 4 不支持。

表 6.19　第六章假设 4 模型的拟合度及预测关联性

潜变量	R_0^2	R_1^2	$\triangle R^2$	Q^2
公司治理	0.163	0.172	0.009	0.054
企业绩效	0.209	0.216	0.007	0.087

注：R_0^2 为政治嵌入与跨境并购控制程度回归模型（第五章）获得的拟合度结果。R_1^2 为政治嵌入 * 制度压力的交互项与跨境并购控制程度回归模型获得的拟合结果。

表 6.20　第六章假设 4 模型的路径系数及显著性

假设	路径	路径系数	T 值	显著性	结论
H4	政治嵌入 * 制度距离→企业绩效	− 0.033	1.053	0.292	不支持
	政治嵌入→企业绩效	− 0.055	0.851	0.395	
	政治嵌入→公司治理	0.462	9.016	0.000 ***	
	公司治理→企业绩效	− 0.056	0.986	0.324	
	并购经验→企业绩效	0.164	2.817	0.005 ***	
	跨境并购控制程度→企业绩效	− 0.043	0.810	0.418	
	制度压力 > 企业绩效	− 0.058	1.191	0.234	
	控制变量→企业绩效	− 0.307	1.909	0.057 **	

资料来源：作者根据统计结果整理。

注：* * *，表示路径系数在 1% 显著水平下显著（双尾）；* *，表示路径系数在 5% 显著水平下显著（双尾）。

三、小结

通过以上分析，本章的主要研究结论如下：

（1）制度压力对政治嵌入与跨境并购控制程度起到正向调节作用

国内政策的内部制度压力对政治嵌入企业的跨境并购控制程度有着积极正向的影响。随着国内制度压力的增强，政治嵌入程度越高的企业，跨境并购控制程度越高，即获得跨境并购控制权的意愿更高。

中国的直接对外投资是政府引导下的企业行为。通过本章研究发现，中国企业在国内"走出去"政策推进压力较小的情况下，相比无政治嵌入企业，政治嵌入企业的跨境并购程度更高。当国内的"走出去"政策的推进力度加大的情况下，政治嵌入企业的跨境并购程度会随之升高。政治嵌入企业受到国内政策压力的引导和影响更加明显，并且在跨境并购投资业务中得到验证和体现。

（2）制度距离对政治嵌入与跨境并购投资程度之间关系不存在调节作用

在本书样本中，母国与东道国的制度距离未对政治嵌入与跨境并购投资程度起到调节作用。这证明，政治嵌入企业对于提高或减少跨境并购对外投资程度的决策中，较少地考虑了东道国制度距离这一因素。

本章试图在完备的国内制度压力和国外制度距离情景下，去探讨政治嵌入与跨境并购投资程度关系是否发生调整的问题。通过制度压力与制度距离结论的比较，我们发现，政治嵌入企业的海外投资动机更多地考虑了国内制度环境、政策压力，而非外部制度距离的影响。

（3）制度压力和制度距离对政治嵌入与跨境并购企业绩效关系不存在调节作用

假设3和假设4显示，制度压力和制度距离对政治嵌入与跨境并购企业绩效的调节作用不显著。一方面，结论表明本章所构建的国内制度压力、东道国制度距离可能不是政治嵌入企业影响企业绩效的决定性因素，可能存在更为适合的指代变量，需要进一步探索。另一方面，由于政治嵌入与跨境并购绩效之间存在中介作用，制度压力与制度距离在作用该模型关系时可能受到影响，造成调节效应的检验未能得到预期结果。虽然三个假设未能得到支持，但是本章构建了内部制度压力和外部制度距离相对完整的分析框架，为研究政治嵌入与跨境并购决策的关系做出了有益探索。

Pablo（2009）提出，母国和东道国的制度环境可能影响跨国并购，但并没有考虑政治嵌入和公司治理要素对跨境并购决策的主要动因影响。另一些研究关注母国或东道国一国制度对跨境并购可能产生的影响。Brockman（2013）关注了22个发达国家的政治关联与并购交易的关系，认为母国制度环境会调节两者关系。Yiu et al（2007）认为母国产业竞争和出口密度会调节中国企业所有权优势与国际化扩张程度的关系，但没能关注政治嵌入现象对国际化的影响。此外，Alimov（2015）认为来自劳动保护水平低的国家的企业更愿意去到劳动保护水平完善的国家，以实现制度上的互补。本章在政治嵌入影响跨境并购研究的基础上，引入了制度环境的概念，强调了中国企业直接对外投资中所不能忽视的制度问题，并且整合了国内制度压力和国际制度距离两个维度的制度概念，将理论框架置于比较完整的制度环境分析模型中。

第七章 案例研究

本章描述了中联重科和复星国际两家中国企业的跨境并购案例。通过案例分析，本章梳理了并购案件中政治嵌入、公司治理影响跨境并购投资决策的过程及其背后的相关动机。第四章至第六章实证了政治嵌入对跨境并购的影响，以及公司治理的中介作用和制度环境的调节效用。实证研究与案例研究的结合和相互佐证，有助于本书实现系统性研究。

第一节 案例背景

一、中联重科并购意大利 CIFA

2008 年 9 月 28 日，中联重科联与意大利 CIFA 在长沙正式签署收购协议。中联重科联合了弘毅投资、美国高盛、中意曼达林基金三家私募投资公司，以2.71 亿欧元（约合 25.12 亿人民币）现金形式成功收购 CIFA100% 股权。其中，中联重科拥有并购标的 60% 股权，成为最大股东。通过此次收购，中联重科在混凝土机械产品市场占有率一跃成为全球之首。此项交易成就了中联重科"蛇吞象"的弱势并购，受到了国内外商界的广泛关注。

并购方中联重科股份有限公司是一家地方国有企业，成立于 1992 年，主要经营范围涵盖建筑、环境、交通、能源等基础建设工程方面的高新技术装备的制造与研发业务。其中，混凝土机械和起重机械是公司的两大业务板块。通过实施全球化战略，中联重科完成了从国内到国际的业务拓展，成为产品链完备的工程机械行业的领头企业。

被并购方意大利 CIFA 公司，历史悠久，曾是全球混凝土机械领域排名第三的知名企业。CIFA 公司业务遍布全球，总部设在米兰。公司主要从事用于钢筋混凝土钢制模具等产品的生产和销售。CIFA 的业务遍布意大利、欧洲、非洲和中东市场，拥有很高的市场份额。并且，还有覆盖 70 多个国家的销售和代理的经销网络。

在中联重科并购 CIFA 之前，CIFA 的控股权已经掌握在一家私募基金的手中。2006 年 7 月，意大利私人股权投资基金 Magenta 成为 CIFA 的最大股东，拥有了 CIFA 72.5% 的股权。CIFA 家族掌握着剩余的绝大部分股权。通过与 Magenta 基金和 CIFA 家族两方的商洽，中联重科终于完成了这一并购交易，实现了股权收购（如表 7.1）。并购后，两家企业经历了全球金融危机的沉重冲击。全球基础建设业务急速萎缩，加之并购业务带来的巨额成本，曾一度造成中联重科的业绩异常波动。

表 7.1　中联重科并购意大利 CIFA 股权结构变化（2007 年）

并购前			并购后		
股东名称	持股比例（%）	类型	股东名称	持股比例（%）	类型
Magenta SGR S. p. A.	50.72	私募基金	中联重科	60	中国企业
Plurifid S. p. A.	27.50	自然人，5 名股东			
Intesa Sanpanlo S. p. A.	10.00	意大利银行	弘毅投资	18.04	私募基金
Fadore S. ar. l.	10.00	卢森堡公司	阿曼达基金	9.04	
Maurizio Ferrari	1.78	自然人，董事长	高盛公司	12.92	
合计	100			100	

资料来源：作者根据年报整理。

二、复星国际并购希腊 Folli Follie

2011 年 5 月 19 日，复星国际在上海正式宣布成功收购希腊 Folli Follie 集团。复星以总价 8458 万欧元（约合 7.6 亿人民币）收购了希腊 Folli Follie 定向增发的 636 万股，交易股份占增资扩股后总本的 9.5%，复星国际成为 Folli Follie 的第二大股东。

复星集团最早创立于 1992 年，经过多年发展，成长为实力强劲的综合性企业，经营业务涵盖医药、房地产、钢铁、矿业、零售、服务业、金融、保险及战略投资领域。复星集团旗下拥有多家上市公司，母公司复星国际于2007年在香港上市（股份代码：00656HK）。集团还包括三家国内上市的控股公司（复星医药600196SH、南钢股份600282SH、豫园商城600655SH）以及十多家参股上市公司。2014年，复星国际总资产达3248亿元。从综合排名上看，复星集团连续多年进入全国企业100强名单。

被并购方Folli Follie集团成立于1986年，是全球顶尖的时尚消费品企业。1997年，Folli Follie集团在希腊上市。集团旗下拥有Folli Follie和Links of London两大时尚品牌，产品涉及珠宝、箱包、手表、化妆品等奢侈消费品，在女性消费者中有着良好口碑。通过与全球旅行零售商Dufry AG的合作，Folli Follie的产品可以在1700多个免税商店售卖，拥有国际高端消费品的分销网络。

以上两个跨境并购案例的发展结果截然不同。中联重科的跨境并购恰逢2008年金融危机，政治嵌入程度较高，具有国有企业背景，跨境并购股权达100%，在企业绩效上也经历了较大波动。相比较而言，复星国际的政治嵌入程度较低，民营企业背景，对海外并购业务的控制程度较低，在业绩增长上表现较好。这两家企业的海外并购经历是比较典型的中国企业"走出去"的案例，因此，我们选择对这两个案例进行详细的分析和跟踪。

第二节　案例分析及总结

从本书研究主题出发，我们对中联重科和复星国际两个案例进行了系统的分析和比较。本节描述了两个案例所面临的国内和国际制度背景、企业自身所具有的政治嵌入和公司治理结构，以及相应产生的跨境并购动机、海外资产的控制权形式以及企业短期绩效表现。最后，通过两者的比较，进一步验证与实证研究内容较为一致的研究结论。

一、中联重科并购意大利CIFA的案例分析

2008年中国经济进入高增长期，北京奥运会的举办增进了中国与国际的交流和进一步的商务合作机会，中国逐渐意识到了企业国际化的重要性。为了

顺应这一趋势，2007—2008 年，国家商务部、外交部、发改委和财政部等部委先后颁布了一系列鼓励企业"走出去"的政策和通知，如《关于做好我国企业境外投资税收服务与管理工作的意见》提及中国直接对外投资企业的境外所得计征所得税的抵扣办法、境外税收减免的处理方法。再如，为了规避大量境外基建项目的经营风险，2007 年商务部在内的 15 个部委联合签发《进一步规范对外承包工程业务发展的规定》，其中阐明了境外基建工程项目的业务规范。

在政策影响下，2008 年中联重科积极推进收购战略。在当年 9 月份并购意大利 CIFA 之前，已经收购了多家国内机械、汽车企业。中联重科走向国际化的动因主要来自两方面：其一，国内市场上，2003—2007 年装备制造行业持续增长，但增速呈现放缓的趋势。并且，中联重科与三一重工在国内市场持续展开激烈竞争，迫使中联重科考虑以进军国际市场的方式来实现规模的迅速增长。其二，以实现中国"走出去"战略为己任，作为"国家队"完成企业国际化使命。中联重科董事长詹纯新曾表示，"对于一家科研院所改制而来的跨国企业来说，这是'国家队'的使命"。中联重科曾经在 2007 年设立了战略目标，即 5~10 年内实现行业领域国内第一、国际前十的市场地位。在这种前提下，中联重科要寻找规模足够大、声誉足够好的并购目标才能一举两得。海外并购既可以使其获得自身商业地位的提升，又可以满足其政治使命，即完成"走出去"的政策目标。

中联重科对国家的政策引导积极响应是因为企业在国内网络中有着较高的政治嵌入性。董事长詹纯新，党员，享受国务院政府特殊津贴专家，曾任建设部长沙建设机械研究院院长，曾当选为全国人大代表，湖南省党代会代表，中国企业联合会副会长、中国企业家协会副会长、中国工程机械协会副会长。可见，中联重科的董事长具有非常强的政治关联。按照巫景飞（2008）的评价标准，中联重科政治网络的评分为 8 分。表 7.2 显示，董事会成员共 7 人，其中有 5 人具有政治关联（曾在国资委、中国会计协会等机构担任职务），董事会政治关联比例 71.4%。2007 年中联重科的董事会中尚未聘请有国际经验的人员，跨境政治关联为 0。以上验证了实证检验中政治嵌入程度越高，跨境并购控制程度越高的假设。

表 7.2　2007 年中联重科董事会成员结构

姓名	职务	是否具有政治关联
詹纯新	董事长兼首席执行官	是
刘权	董事	是
邱中伟	董事	否
刘长琨	独立董事	是
王忠明	独立董事	是
刘克利	独立董事	是
钱世政	独立董事	否

资料来源：中联重科 2007 年年报。

在公司治理结构上，中联重科的所有权形式属于地方国有企业。中联重科的前身是长沙建设机械研究院有限责任公司（简称建机院），建机院改制后成立了中联重科。在股权结构上，建机院为中联重科的发起人、控股股东，持有中联重科 41.86% 的股份。而建机院又由湖南省国资委控股 59.7%，即湖南省国资委间接持有中联重科 24.99% 的股份。由此可见，中联重科具有国有企业的属性，如图 7.1 所示。

接着，从前十大股东的结构分析看，中联重科的大股东持股比例较高，建机院作为第一大股东持股 41.86%，属于持股相当集中的类型，见图 7.1。然后，从董事会规模上看，中联重科由 7 名董事（其中 4 名为独立董事）组成，董事会人数相对较少，这样董事会决策相对容易达成一致意见，但造成了董事长/CEO 权利比较集中的情况。从独立董事履历上看到，他们大多兼任许多社会职务和其他公司独立董事身份，属于兼职的情况较多。

结合政治嵌入的特征来看，中联重科政治嵌入程度较高，同时具有权力集中的公司治理模式。该案例没有严格地界定出政治嵌入导致公司治理的先后决定顺序，但可以看出高政治嵌入程度和权力集中的公司治理结构确实具有较高的相关关系。

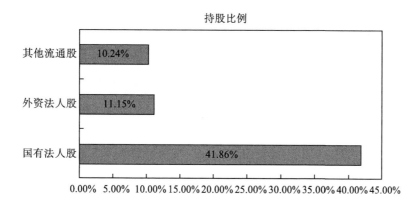

图 7.1　中联重科前十大股东持股类型分布

资料来源：中联重科 2007 年年报。

在 2008 年并购 CIFA 之前，中联重科曾在 2001 年收购英国保路捷公司 80%股权。并且，中联重科还连续在国内完成多项并购交易，如长沙建设机械研究院有限责任公司、陕西新黄工机械有限责任公司、大汉汽车集团有限公司项目资产。本书研究结论认为，跨境并购经验越丰富，企业的持股比例越低。中联重科虽然具备跨境并购经验以及国内相关并购经验，但是并没有维持较低的海外资产比例。实证研究结论并且在中联重科的案例得到佐证。

但是，在后续的并购整合过程中，虽然中联重科拥有 100%的股权，但并不拥有 CIFA 的实际控制权。与比亚迪"沃人治沃"的模式相似，中联重科选择了由 CIFA 原有团队实行对企业的实际控制和管理。中联不派驻中方经理人，CIFA 董事长 Maurizio Ferrari 先生继续留任，并任命其为中联的副总裁。这是一种比较弱的母公司对子公司控制的治理方式，意在减少对子公司的管理干预，体现对子公司经营能力的信任保持子公司原有的经营风格和活力。这间接体现了中联重科具有跨境并购经验的优势，其经验部分地抑制了企业全部拥有实际控制权的意图。

不过，完成收购的第一年，中联重科的业绩就受到沉重打击。一方面，中联重科联合三家私募基金共同收购 CIFA，背负了巨额的成本压力。另一方面，2008 年全球金融危机爆发，造成国际基础建设项目压缩，混凝土机械等业务需求量随之下降，CIFA 公司的销售业绩一蹶不振。幸运的是，2009 年中国政府推出"四万亿元"投资计划，又一次刺激了国内工程行业的发展，中联重科国内业务增长带动了 CIFA 的销售和内部技术转移，使得这笔并购交易的发展转危为安。

本章回顾了中联重科在跨境并购前后三年的财务报告展开跟踪。报表显示在 2008 年，中联与 CIFA 合并后，实现了海外营业收入的峰值 27.67 亿元（2007 年 10.20 亿元，2009 年 26.14 亿元）。自此以后，海外营收逐年下降，说明 CIFA 在海外市场份额有所萎缩，远不及中联重科在并购之初对 CIFA 的未来营收及净利润的估算。此外，中联重科本身的市场表现也不佳。2007 年，中联每股收益为 1.75 元，资产收益率 20.4，托宾 Q 值为 2.53。2008 年绩效表现突然大幅下降，每股收益降至 1.05，资产收益率 13.25，托宾 Q 值降至 0.67。2009 年，政府推出"四万亿元"投资计划拉动了国内工程基建行业的发展，中联重科得以维持小幅度的业绩增长。2009 年每股收益 1.45（同比增长 38%），资产收益率 10.99，托宾 Q 值为 0.79（同比增长 18%）。值得指出的是，2008 年、2009 年中联重科的国内营业收入增长率分别实现了 51% 和 53% 的高水平增长。每股收益和资产收益率几乎维持在同一水平，说明跨境并购业务的成本抵消了国内销售业绩的增长。

二、复星国际并购希腊 Folli Follie 的案例分析

2011 年，复星国际并购 Folli Follie 时期，中国政府正在开展新一轮面向民营企业国际化的政策刺激和引导。例如，2010 年《国务院关于鼓励和引导民间投资健康发展的若干意见》发布，突出强调民营企业发展直接对外投资的重要性。为了落实这一决议，国资委联合外交部、商务部在内的 12 个部委发布《关于印发鼓励和引导民营企业积极开展境外投资的实施意见》，从税收、金融、外汇管理、海关通关等多方面提出了优惠条件和服务。

与此同时，希腊正处于深度债务危机中。2009 年，希腊政府公布了财政赤字，进而触发了本国经济衰退的"多米诺骨牌"效应。2010 年 5 月，希腊政府批准通过财政紧缩政策，进一步造成了欧元债务危机。希腊政府为了挽救颓势，开始变卖国有资产以扭转经济局面。同时，次贷危机造成业绩优良的希腊企业也陷入了经营困境。同期，由于中国政府推出的"四万亿元"计划等

经济刺激政策，2011 年中国经济已走出全球金融危机的负面影响。

复星国际等一批民营企业看好未来行情，借助希腊债务危机"抄底"。2008 年全球奢侈品消费缩减，欧美投资者陆续撤离希腊市场，Folli Follie 的价值被低估，复星国际把握住这次机会进行精准操作。

与中联重科的并购动机不同，复星国际投资 Folli Follie 的目标有两个：一方面，收购目的是服务中国市场，而非进军国际市场。在金融危机之前，Folli Follie 已进军中国。复星国际看好的是中国奢侈品消费市场，乐观看待 Folli Follie 在中国的销售增长预期。并购成功后，结合复星国际在中国市场的运作能力，有可能更为成功地推进 Folli Follie 的在华销售。另一方面，复星国际要通过收购 Folli Follie，实现自身在国际多元化和价值投资的战略部署。复星国际开展的是综合型业务，特别是在海外资产的并购中青睐金融保险等高投资回报率的资产，而非战略业务的整合。国际多元化的投资方式符合投资组合的配置要求，也因此关注广泛的资产配置，而非将所有资源都投入到一项业务。

有趣的是，复星国际的董事长郭广昌也具有一定的政治关联。按照政治嵌入的评价方式分析，本书研究发现复星国际与中联重科又存在一定差异。首先，郭广昌曾任全国政协委员会委员、上海市人民政府咨询研究专家、上海工商联合总会副会长。这说明复星国际的董事长具有政治关联，根据巫景飞（2008）的标准计算，其政治网络得分为 4 分。接着，2011 年复星国际年报分析显示（见表 7.3），董事会董事 11 人中有 5 人具有政治关联，他们曾任或现任政府机构官员，或被授予一定国家级荣誉称号。在跨境政治关联的指标上，复星国际有海外教育和工作经历的董事，但与中联重科一样，同样不具备有在境外政府或行政类机构任职经历的董事，这一指标也为 0。

表 7.3　2011 年复星国际董事会成员结构

姓名	职务	是否具有政治关联
郭广昌	董事长兼执行董事	是
梁信军	执行董事	是
汪群斌	执行董事	否
范伟	执行董事	是
丁国其	执行董事	否

姓名	职务	是否具有政治关联
秦学棠	执行董事	否
吴平	执行董事	否
刘本仁	非执行董事	是
陈凯先	独立非执行董事	是
章晟曼	独立非执行董事	否
阎焱	独立非执行董事	否

资料来源：作者根据 2011 年年报整理。

在公司治理方面，复星国际的公司治理结构也有自身特点。复星国际属于民营上市公司，据港股资料显示，复星国际的最大控股股东是复星控股有限公司（简称复星控股），持有复星国际 79.02% 的股权，由汪群斌、范伟、梁信军、郭广昌 4 名自然人共同持有，因此，这 4 名自然人是复星国际的实际控制人。复星控股拥有复星国际的大部分股权，超过 50%，这也是公司治理权力集中的一种体现，容易存在代理人（大股东）与代理人（中小股东）潜在的利益冲突。复星国际的董事会成员有 11 人，7 名执行董事，1 名非执行董事，3 名独立非执行董事。相比中联重科，复星国际的董事会规模较大，可以对董事长 CEO 的决议进行更为充分的决议，是权力制衡的一种治理形式。

在董事会海外经验上，相比于中联重科，复星国际的董事会成员国际化程度更高。有 2 名独立非执行董事具有海外教育经历和海外工作背景，具体是：章晟曼有过美国哈佛大学的教育经历，并曾任世界银行副总裁；阎焱曾在普林斯顿大学获得硕士学位，曾在世界银行从事研究工作。另外，对于海外并购的交易规则，复星国际也并不陌生。先于 2011 年并购 Folli Follie，复星国际已成功收购了地中海俱乐部（Club Mediterraneo SA）7.1% 的股权，成为首家直接控股法国企业的中国上市公司。与实证结论相一致，复星国际虽然拥有丰富的国际经验，成为 Folli Follie 第二大股东持有 9.5% 股权，但并不占据海外并购资产绝对控制权和较高的控股比例。

并购后，复星国际向 Folli Follie 集团董事会指派了一名董事。与前文分析一致，复星国际关注的是辅助 Folli Follie，提升其在中国市场的市场地位，在短期内给予一定的财务支持，帮助 Folli Follie 走出经营困境。可喜的是，2012年 Folli Follie 实现全球销售收入 11.1 亿欧元，相比 2011 年的 10.2 亿增长了8.7%。Folli Follie 2012 年年报中也阐述：在结成战略合作伙伴关系后，复星国际帮助 Folli Follie 实现了珠宝、手表和配饰业务在中国的迅速扩张。2012年，Folli Follie 在中国市场的销售增长率达到 75%。

在并购后的近三年内，复星国际的市场表现始终保持比较一致的水平。在连续开展跨境并购业务的情况下，整体业绩没有出现明显下降。报表显示，2010 年，复星国际每股收益为 0.66，2011 年每股收益为 0.53，2012 年每股收益为 0.58，保持了相对稳定的水平。资产收益率 2010 年为 9.84，2011 年为7.2，2010 年为 6，呈下降趋势。并购当年，托宾 Q 值为 0.57，2011 年托宾 Q值为 0.54，2012 年托宾 Q 值为 0.52，也始终保持了相对平稳的水平。在背负高额并购成本压力的情况下，复星国际仍然保持稳定的绩效水平，说明低控制程度的跨境并购交易并没有给复星国际的企业绩效带来明显的负面影响。

三、案例比较

本节希望对中联重科和复星国际跨境并购案例进行横向比较，并结合第四章至第六章的实证研究结论，探讨公司治理、政治嵌入如何影响跨境并购的证据脉络。

1. 政治嵌入对跨境并购行为的影响

表 7.4 比较了中联重科与复星国际跨境并购的变量特征，可见中联重科的政治嵌入程度明显高于复星国际。并且，虽然两家企业的董事长均具有政治关联，但两者的性质仍有细微差别。中联重科董事长曾任建设部下属研究院院长，在国有企业任职，并担任人大代表；而复星国际董事长是大学毕业后自主创业起家，没有政府或行政机构的任职经历，也没有担任政协委员等政治职务。根据杜兴强（2009）的定义，中联重科董事长属于"先天型"政治关联，复星国际董事长属于"后天型"政治关联，"先天型"比"后天型"有着更强的政治参照作用。从其他指标上看，中联重科的董事会政治关联比例明显高于复星国际。董事长政治网络指数也更高。但两家企业都不具备跨境政治关联。因此，从政治嵌入组成的 4 个关键变量看，中联重科的政治嵌入高于复星国

际。比较它们的跨境并购控制程度，两家企业都不拥有企业的实际控制权。中联重科持有 CIFA 的 100% 股权，高于复星国际对 Folli Follie 的 9.5% 持股比例。

表 7.4　中联重科与复星国际的跨境并购案例比较

潜变量	测度变量	中联重科	复星国际
政治嵌入	董事长/总经理是否拥有政治关联	是	是
	董事会政治关联比例（%）	71.40	45.45
	政治网络	8	4
	跨境政治关联	否	否
公司治理	所有权	国有	民营
	董事会规模（人）	7	13
	大股东持股比例（%）	41	79.02
	独立董事人数（人）	4	3
海外经验	海外并购经验	是	是
	董事海外经历	否	是
跨境并购控制程度	实际控制权	否	否
	控股比例（%）	100	9.50
跨境并购企业绩效	（并购前一年）托宾 Q	2.53	0.57
	（并购当年）托宾 Q	0.67	0.54
	（并购后一年）托宾 Q	0.79	0.52
	（并购前一年）每股收益（元/股）	1.75	0.66
	（并购当年）每股收益（元/股）	1.03	0.53
	（并购后一年）每股收益（元/股）	1.42	0.58
	（并购前一年）资产收益率（%）	20.4	9.84
	（并购当年）资产收益率（%）	13.25	7.20
	（并购后一年）资产收益率（%）	10.99	6.00
制度环境	国内制度压力	强	强
	国际制度距离	正	负

资料来源：根据 Wind 数据库资料作者整理制作。

　　本书第四章验证了假设，认为政治嵌入程度越高，企业的跨境并购控制程度越高。通过比较，两个案例也验证了这一关系的成立。相比政治嵌入程度较低的复星国际，政治嵌入程度高的中联重科更倾向于选择获得被并购海外资产的控制权和更高的控股比例。

2. 政治嵌入、公司治理对企业绩效的影响

本书第五章的研究结论认为，政治嵌入透过公司治理对跨境并购企业绩效产生影响。政治嵌入程度越高，公司治理的权力结构越集中，跨境并购企业的绩效越低。比较两个案例，中联重科和复星国际都属于大股东集中持股，独立董事人数相当，在公司治理层面的影响也相当。通过进一步比较，与复星国际相比，中联重科拥有更高的政治嵌入，国有所有权形式，董事会规模更小，更容易形成以董事长或总经理为核心的决策意见，表现为权力更为集中的公司治理结构。国有所有权形式影响中联重科形成"以实现国家走出去战略为己任"的国际化动机，其跨境并购动机在一定程度上受到政策引导。与此同时，权力集中的治理结构潜藏着代理人—代理人的冲突问题，在跨境并购等重大事件发生之后，中小股东会意识到较高的经营风险，降低对上市公司价值的预期，从而上市企业绩效会受到一定的负面影响。

从企业绩效的横向比较上看，复星国际并没有表现出更为显著的优势。但是，我们应该考虑到实证研究所获得的结论是，基于大样本的前提下变量间的趋势变化所产生的关联关系，而在中联重科与复星国际的单案例比较中会受到行业和企业财务结构的影响。例如，中联重科作为装备制造企业，资产比重较高。而复星国际是多元化集团，高科技和投资业务较多，重资产所占比重很低。因此，单独横向比较资产利润率不具备说服力。

在上文的两个案例比较中，我们通过企业连续三年的企业绩效增减趋势分析，获得跨境并购企业绩效的一些结论。与中联重科相比，复星国际的政治嵌入程度较低，公司治理的权力集中程度更弱，在跨境并购绩效上保持了较为稳定的市场表现。反之，中联重科政治嵌入高，采用权力更为集中的公司治理结构，跨境并购企业绩效表现相对不理想。

3. 并购经验对跨境并购的影响

复星国际的案例可以充分验证第四章、第五章的假设。若具备丰富的并购经验，企业会减少对跨境并购的控制程度，并实现更好的企业绩效。但是，中联重科虽具备一定的跨境并购经验，但其董事会中却没有具备海外经验的董事成员。中联重科在跨境并购控制上采取了折中方式，拥有100%股权，但不掌

握实际控制权。跨境并购经验平衡了政治嵌入企业一味追求跨境并购控制程度最大化的倾向。在后续的并购整合中，中联重科还暴露了自身经验不足的局限，过高的股权使企业背负了沉重的融资成本压力，其必须与意大利 CIFA 一起面对金融危机造成的业绩打击，最终面临国际市场损失、国内业绩弥补投资损失的尴尬局面。

4. 国内外制度环境的调节作用

中联重科和复星国际的并购都是在政府积极推进"走出去"政策背景之下开展的。不同的是，中联重科政治嵌入程度高，更加积极地响应政策号召，甚至在国际化动机中也可能掺杂了"国家队"的使命感，跨境并购投资表现为更加高的持股比例。而复星国际的政治嵌入程度相对较低，国内政策并没有影响企业自身的国际化战略，其选择了比较低的海外资产持股比例。案例比较的结果支持了第五章假设 1 的实证结论，即国内制度压力越大，政治嵌入程度高的企业，其跨境并购控制程度越高。

案例比较也关注了国际制度距离的调节作用。中联重科的投资东道国为意大利，在全球经济治理指数上其管制制度水平高于中国，管制制度距离为正向，是中国向发达市场进行的并购行动。复星国际投资地为希腊，当时希腊正面临债务危机，政府正处于解决危机的焦虑期，同期中国经济制度运行情况比希腊当时要好，制度距离为负向。案例中，中联重科和复星国际都保持自身的决策风格，并没有因为投资地制度的高低而改变投资控制的决策。

四、案例总结

本章系统回顾了中联重科收购意大利 CIFA、复星国际并购希腊 Folli Follie 的案例，也梳理了中联重科和复星国际对外投资的制度背景，追溯了董事长及董事会成员政治背景信息，分析得到政治嵌入程度的评价和公司治理结构。基于本书的研究框架，归纳出中联重科与复星国际开展跨境并购的动机和相应的行为决策，并结合并购前后三年的财务数据，分析了并购前后上市公司的企业绩效表现。

本章重点阐述了中联重科和复星国际的政治嵌入特征。通过比较得出结论，中联重科的政治嵌入程度较高，采用决策更为集中的公司治理结构。这些结构特征导致企业做出较为积极的对外投资决策，对海外资产拥有 100% 的股权。而在并购后，企业绩效经历了较大波动。与中联重科相比较而言，复星国际的政治嵌入程度较低，同时具有权力集中程度较低的公司治理特征，对海外并购业务的控制程度较低，在并购后企业绩效有更好的表现。

最后，案例研究做到了与前文实证章节的相互佐证。本章通过案例比较，再次验证了高政治嵌入会影响中国企业提高跨境并购的控制程度等实证结论和观点。实证研究解决的是通过大样本数据，找出变量间的趋势性影响。案例比较是通过丰富的企业实践信息，在一个或几个案例的内部勾勒出主要研究变量之间的互动关系。虽然案例中有部分细节未能充分支持实证研究的内容，但这主要是由统计分析和案例研究在研究方法上的天然差异所造成的。案例研究提供了更为生动的管理实践场景，贴近实际的中国企业国际化情景，弥补了实证研究单一的分析手段，丰富了本书的研究方法和研究内容。

第八章　研究结论、研究启示与研究展望

本章首先回顾了前述重要研究结论，并通过文献比较，总结归纳出研究创新点；然后，提出政策建议，为政府和企业的跨境并购投资决策提供系统性建议；最后，审视研究局限，并对下一步研究方向进行展望。

第一节　研究结论

随着中国企业对外投资步伐的加快，政企关系所起到的作用日益受到学术界和实践界的关注。如何正确地理解中国企业的公司治理、政治嵌入在跨境并购投资决策中所起到的作用，成为企业决胜国际市场、提升企业绩效的焦点问题。因此，本书以公司治理和社会网络理论为视角，探讨了公司治理、政治嵌入与跨境并购投资程度、跨境并购绩效的关系问题，并探讨制度环境的调节机制。

与已有研究关注政治关联对企业绩效的影响不同，本书以中国跨境并购事件为研究对象，结合公司治理、社会网络的多理论视角，从网络嵌入性和投资承诺的逻辑解释出发，剖析了在企业跨境并购过程中，公司治理、政治嵌入对跨境并购投资决策行为的影响，并进一步探讨了其对跨境并购绩效的影响。在已建立模型的基础上，构建了国内制度压力和国际间制度距离的制度分析框架，检验了制度要素所产生的影响。通过研究，本书获得以下结论。

一、政治嵌入对中国企业跨境并购行为的影响

新兴市场正在经历快速的经济发展，内部经济制度正在经历快速变革。新

兴市场中更多企业试图进入国际市场以适应这种制度变革。国内竞争的加剧和国际市场的吸引催生了中国企业跨境并购。主要动机包括获取自然资源、与世界一流品牌建立合作以及高管对进入国际市场的自信等类型。

（1）政治嵌入程度高的中国企业更愿意在国际化网络中获得高中心性，以获得市场机会的信息、连接东道国当地资源的渠道，从而进一步拓展国际化网络的边界和范围。母国政府对政治嵌入企业的国际化活动的干预更强，更希望政治嵌入企业获得更高的对外投资股权。政府所有权比例越高，企业有更高的风险承受能力和投资预期，由此会获得比没有政府所有权的企业更低的交易成本。跨境并购的投资程度意味着对当地投资的承诺程度。当企业在母国的政治网络嵌入程度越高，其承受跨境并购风险的投资预期越高，企业越愿意在当地做出更高的投资承诺水平。高投资承诺水平表现为跨境并购所拥有的控制权更多、子公司持股比例更高，意味着母公司会选择高承诺形式开展跨境并购业务。

（2）本研究检验公司治理与跨境并购投资决策的影响关系。通过文献梳理初步假设，公司治理水平越高，其跨境并购的风险控制能力也越强，对海外子公司和外派高管团队的控制能力也越强，因此也更容易对海外投资地做出较高水平的投资承诺。但实证检验该结论不显著，证明公司治理水平与跨境并购投资水平尚无直接的影响关系。本书较早地将关注视角从企业绩效转变为跨境并购决策，即公司治理对海外控制权影响的问题，是对企业国际化研究的积极拓展。

（3）董事会具有海外经验的董事人数越多，其跨境并购经验越丰富，越容易识别跨境并购中的机会和风险。公司为了规避跨境并购过程中风险的不确定性，会选择降低对东道国的投资承诺程度，减少对被并购企业的控制权和降低海外资产控股比例。该实证结论弥补了董事会海外经验方面的研究，将董事会成员海外经验和跨境并购业务实际经验进行了有效整合，并检验了海外经验与海外资产控制权的负向影响，证明了具有国际化经验的企业对海外市场具有谨慎的投资态度。

二、政治嵌入、公司治理对跨境并购企业绩效的影响

相关统计数据表明，国有企业和具有政治嵌入的民营企业成为中国跨境并购企业的主力军。对于政治嵌入如何影响跨境并购的跨国企业的市场价值，政治嵌入是否通过公司治理对跨境并购企业的价值产生影响等问题，本书通过实证研究获得以下结论：

（1）政治嵌入企业更注重通过跨境并购来实现自身的政治使命。跨境并购作为一项特殊交易，会使企业背负巨大的经营成本，由此导致企业与投资者之间的委托代理问题。投资者并没有参与跨境并购交易的决策，巨大的成本支出存在着代理风险。跨境并购所产生的经营风险和中小股东利益侵害的代理问题叠加，造成中小投资者的投资预期降低，进一步造成政治嵌入对跨境并购企业绩效的负面影响。

（2）中国企业的政治嵌入通过公司治理对跨境并购企业的绩效产生影响。这是因为政治嵌入会影响公司的治理结构。一方面政治嵌入企业的 CEO 一般会聘请更多具有政治嵌入特征的董事，以保证董事会形成一致的决策，即更多考虑政治目标的执行。另一方面，政治嵌入企业也可能存在更为普遍的大股东持股现象。大股东持股会减少股票的流动性，更容易出现大股东侵害小股东利益的行为。并购是重大的战略行为，会使企业面临更高的经营风险。外部中小投资者不能参与政治嵌入企业的这些决策制定，从而产生代理人与代理人的问题。在实践中，中国企业出现过高于其他国家的跨境并购溢价等问题，这也侧面验证了中小投资者的担心。外部投资者也对中国企业能否有效管理跨境并购业务的能力持怀疑态度。基于以上分析，政治嵌入更有可能形成权力较为集中的公司治理结构，存在一定的大股东侵害小股东利益的潜在风险。跨境并购交易促使小股东意识到这一风险的存在，进而引发跨境并购企业整体价值下降。

（3）董事会增加聘任具有海外经历的董事，对跨境并购的成功会产生积极影响。拥有跨境并购经历的董事越多，越有利于企业直接获得海外知识，进而也会提升董事会跨境并购整体决策的准确性。海外从业经验或教育经历可以帮助经理人突破语言障碍，提高与东道国当地人员的沟通效率。他们也更熟悉海外市场交易规则，更准确地做出跨境并购决策。董事的海外经验越丰富，其

跨境并购决策的稳健性越强，对跨境并购交易所产生的企业绩效也会有更积极的影响。

（4）跨境并购投资行为对企业绩效的直接影响不显著。通过文献梳理，研究假设认为跨境并购会在并购前和并购后两个阶段对企业产生较大的成本压力。在并购前为了实现跨境并购，企业需要付出大量的检索成本和管理成本。在并购后跨境并购意味着并购方与被并购方的大量信息交换，并购方与被并购方之间要建立统一的企业文化、形成一致的业务理解，就意味着会付出更多的协调成本。跨境并购前后所产生的管理成本和协调成本对企业绩效会产生负面影响。然而，实证检验未能支持这一假设，说明跨境并购行为尚未对企业绩效产生明确的影响。

三、制度环境、政治嵌入对跨境并购行为及绩效的影响

与发达经济体的跨国企业相比，来自新兴经济体的并购企业会面临更多来自制度上的考验。并购方与被并购方之间存在着制度差距，这可能直接影响跨境并购交易的成败。另外，中国跨国企业还受到国内政策压力的影响，这也会影响跨境并购动机的形成。因此，中国企业跨境并购交易必须引入制度视角，整合母国环境和东道国制度环境，对政治嵌入与跨境并购决策行为、跨境并购企业绩效关系进行系统性研究。本研究得出以下结论：

（1）当国内制度压力增加时，政治嵌入的企业更愿意服从政府安排，更有可能会通过并购海外旗舰企业而获得扩张，以完成投资。政治嵌入程度高的企业会更容易受到政策影响，更容易形成跨境并购动机。政治嵌入程度高的企业更能够理解母国政府的政策，企业会通过执行政策来获得相应的便利条件，服务和保障国内市场经营的同时，也可以通过完成跨境并购事件来制造声誉。政治嵌入程度高的中国企业更愿意在国际化网络中获得高中心性，以获得市场信息、连接东道国当地的资源。因此，当国内制度压力增加时，政治嵌入程度高的企业更愿意以高承诺水平的投资方式获取在国际经营网络中的位置，更愿意选择取得被并购企业的控制权或提高控股水平，以实现跨境并购交易。

（2）东道国制度距离不能影响政治嵌入企业的跨境并购决策。实证检验结果证明，随着母国与东道国制度距离的加大，社会地位所带来的声誉优势会

受到直接影响。政治嵌入企业并未因为受到制度距离的影响而选择更为谨慎或更为激进的投资决策，其跨境并购投资的程度并未受到影响。

（3）国内制度压力对政治嵌入与企业绩效关系的调节作用不显著。政府推行国际化政策的力度越强，政治嵌入企业承受制度的压力越大，此时，企业绩效的负面影响程度并没有显著地提高或降低。政治嵌入对跨境并购企业绩效产生负面影响，国内制度压力并未对两者关系产生实质性影响。

（4）母国与东道国制度距离对中国政治嵌入企业价值的调节作用不显著。东道国制度距离并没有直接造成经营风险，政治嵌入对跨境并购交易的未来预期并未因投资国制度距离远近而受到影响。

第二节　研究创新点、研究启示和研究局限

一、研究创新点

中国企业的公司治理和政治嵌入对跨境并购交易的影响，日益受到学术界的关注。本书针对这一问题构建了完整的分析框架，对政治嵌入与跨境并购投资程度、公司治理在政治嵌入与跨境并购企业绩效中产生的作用，以及制度环境能否对政治嵌入与跨境并购行为及价值关系产生影响进行了系统分析，本研究的创新点主要有以下 5 个方面：

1. 整合了社会网络和公司治理理论，对中国企业跨境并购问题进行研究

本书在已有文献单一理论背景的基础上，整合了社会网络理论和公司治理理论，从跨境并购交易的核心问题——社会网络和委托代理问题入手，分析了在不同制度环境下政治嵌入与跨境并购控制权、企业绩效影响的问题。

社会网络理论解释了企业政治嵌入在跨境并购投资决策中的异质性问题。公司治理从投资者视角，提出了跨境并购可能引发的委托代理及代理人—代理人问题。这两种理论内部存在一致性，既关注了董事会内部成员结构的不同特征对跨境并购可能带来的影响，又强调了政治嵌入和公司治理的共同影响，有效地补充了单一理论框架下解释力不足的问题，为我们客观认识政治嵌入与跨境并购投资业务的关系提供了更为全面的理论视角。

2. 对政治嵌入定义的重新界定

本书较早地在中国企业跨境并购研究中重新定义了政治嵌入的概念，并系统整理了政治嵌入的测度变量，对政治嵌入进行了系统、全面的刻画。相比一般政企关系的研究，如 Faccio（2006a）、罗党论（2008）对董事长或总经理是否具有政治关联的测度方法，本书揭示了中国企业在政治网络中嵌入程度不同的特征。同时，本书针对跨境并购的场景，首次开发了"跨境政治关联"的变量，弥补了现有政治嵌入领域对企业国际化业务研究中政治特征研究的不足，拓展了中国企业国际化研究视角。

3. 将制度理论引入政治嵌入对跨境并购影响的分析框架

本书引入了制度环境的概念，强调了中国企业直接对外投资中所不能忽视的制度问题，并且整合了国内制度压力和国际制度距离两个维度的制度概念，将理论框架置于比较完整的制度环境分析模型下。Pablo（2009）的研究区分了母国和东道国的制度环境对跨国并购的可能影响，但没有考虑政治嵌入和公司治理要素是跨境并购决策的主要动因。本书加入了制度理论视角，分析了在国内外不同制度环境下，政治嵌入对跨境并购的不同影响结果，增加了制度理论在中国跨境并购研究中的解释力，完善了理论分析研究框架。

4. 聚焦中国企业跨境并购投资行为，拓展了研究维度和层次

本书首先关注的是政治嵌入对跨境并购投资行为决策的影响，从而进一步对跨境并购企业绩效影响开展了研究。本书关注了跨境并购的行为决策，较早地选择中国企业在海外资产掌握控制权、海外资产控股比例作为主要自变量，将分析维度从企业绩效转向企业跨境并购行为，拓展了研究维度，深化了跨境并购领域研究的分析层次。

学术界关于政治嵌入与中国企业跨境并购联系的研究很少。张晶晶（2015）开展过政治嵌入与跨境并购企业绩效的关系研究，其中突出了股价异动的短期绩效和长期绩效的影响，但并没有进一步解释二者之间的内在机理问题。Brockman（2013）也关注了政治嵌入与跨境并购业务可能存在的影响，但是研究对象是 22 个发达国家，并没有聚焦中国企业，并且只是探讨了国内并购与国际并购中政治嵌入的作用差异。

5. 采用结构方程模型的方法，探索和突破了政治嵌入研究的手段

本书的实证检验应用了结构方程模型的方法，这在跨国并购和政治嵌入研究中并不多见。作为第二代统计分析方法，PLS - SEM 结构方程模型的建模分析方法比较新颖地反映了各个潜变量与测度变量的结构关系，并真实全面地反映了模型内部过程机制的构成路径。与传统的计量分析方法（SPSS 或 Stata）所揭示的自变量与因变量之间的主要线性关系不同，结构方程模型验证了变量群组之间的结构关系，引入了更多群组变量和解释路径，更加贴近于多要素环境下中国企业跨境并购决策的主题。

二、研究启示

本书以中国企业为研究对象，构建了比较完整的政治嵌入、公司治理与跨境并购关系的理论框架，试图解释政治嵌入对跨境并购投资行为决策的影响，为深入理解中国企业跨境并购交易提供了理论研究范本。下面从政府和企业两方面入手，总结本书的实践启示。

（一）政策建议

本书验证了国内制度压力确实可以推动政治嵌入型企业的跨国并购投资活动，但是不能帮助企业提高绩效。这说明行政文件推动下的中国企业"走出去"是比较短暂的行为，政治嵌入型企业对行政文件的刺激更为敏感，但非政治嵌入企业的对外投资热情受行政文件的影响较小。在政策制度压力下，政治嵌入企业可能更容易形成过度投资，扩大海外资产的投资控制程度，进而可能会损害企业绩效。政府政策应当从行政安排转变为宣传引导，梳理跨境并购典型案例和成功经验，为企业提供更多信息资源，引导中国企业自发地走出国门，从而扩大海外市场份额。

本书对政府与企业的关系也可以起到一定借鉴作用。在中国制度情景下，政治嵌入程度越高的企业越能够获得政府的资源和跨境并购的政策扶助。然而，国内市场化程度不高和国际规则对接不足的经营环境使政治嵌入型企业国际化能力不足。政府需要理清与企业的关系，纯化政府与企业关系，降低企业寻求政治嵌入的回报预期，对各类企业提供更公平、透明的信息平台，从而提

高企业跨境并购的成功率。

本书关注了制度环境对跨境并购的重要性。政府应当重视国内制度环境的营造，规范市场交易规则，建立与国际市场相似或一致的交易体系。虽然经理人与政府之间存在一定的社会联接，但应当把这种政治嵌入向基于规则的互动方向引导，而非基于关系或人情的利益寻租。

本书也强调了跨境并购可能产生大量的企业成本的问题。政府妥善运用金融手段有助于减轻企业的成本负担。金融机构应当从为政治嵌入企业的重点项目投放，转向为中小企业提供国际化投资的融资便利，这样做不仅可以促成大企业的大型跨境并购项目，还有可能促成更多"小而美"的项目，促进国际技术与国内优势的整合，从而实现更多中国企业的业务创新。跨境并购投资的多元化将扩大中国在国际市场的影响力，构建具有中国特色的直接对外投资生态。

最后，跨境并购是快速吸收海外先进技术知识的方法和途径。政府应当提供信息平台，帮助企业之间开展技术转换和知识转移，从而带动国内产业升级，将国际化经验与国内创新创业趋势相结合，促进国际经验转化为创新创业的信息来源和发展动力。

（二）企业决策建议

本书探讨了公司治理的重要性。政治嵌入程度越高的企业，公司治理的权力结构更加集中，其跨境并购企业绩效会越低。然而管控有力的公司治理结构必须要做到对子公司和外派高管进行有效管理，实现良好的内部信息沟通、知识转移和集团整体技术提升。企业需要意识到，政治嵌入的程度对自身公司治理结构的影响趋势，聘请更多有专业背景和海外经验的董事、相对灵活分散的股权分配模式、适度控制有政治背景董事在董事会中的比例等方法，都有助于提升投资者对企业的经营预期，抵御跨境并购的高成本风险。

本书发现，政治嵌入型企业往往会采取更为积极的跨境并购投资策略，扩大海外资产的跨境并购控制权；政治嵌入程度越高，跨境并购企业的绩效反而越低。这意味着虽然政治嵌入发挥了社会网络效应，但是中国企业跨境并购仍然存在盲目投资，进而损害企业绩效增长。在中国制度环境下，政府与企业共同置于隐性的社会网络之中，政治嵌入程度深的企业具有先天的网络优势，但也潜藏着隐性风险。跨境并购行为使得这种隐性风险集中暴露出来。企业应当对政治嵌入在跨境并购经营活动中的风险予以充分认识，评估自身的政治嵌入程度，不能在缺乏经验的情况下盲目提高海外资产的控制权，应当选择更为谨慎的跨境并购投资方式。

本书揭示了一些政治嵌入型企业的国际化动机确实更多地受到国家政策影响，而非自身海外扩张的发展需要。为了满足政府的行政要求，政治网络嵌入程度高的企业可能会扩大跨境并购投资控制权和话语权，同时也会面临国际投资风险。企业应当始终保持相对冷静客观的认识，国际化动机应当是追求股东利益，而非满足行政安排。

本书也指出中国经理人的政治嵌入使得他们更倾向于选择非正式制度实现企业经营目的。然而，在跨境并购中，这一经营风格将会遇到困难。中国跨国企业应当培养更多熟悉海外市场法律、法规和商业交易规则的经理人，增强处理跨境并购内外部人、事、物的资源整合能力，减少因信息不对称而造成的海外资产估价过高以及并购失败等问题。

本书也阐明了跨国经验对跨境并购企业绩效的积极作用。母公司董事会中增加聘任具有国际化经验的经理人将有助于跨境并购的成功。企业应当适当优化董事会人员结构，重视国际化经验的吸取和积累，以应对跨境并购所带来的经营风险和挑战。

本书还对企业与资本市场的互动关系具有一定的启示作用。政治嵌入程度高的企业，一旦发布跨境并购公告，资本市场的投资者就会选择"用脚投票"，从而造成更差的市场表现。中国企业应当学会与国内外资本市场进行沟通和互动，强调和阐明企业具备驾驭跨境并购业务的能力，及时全面地开展跨境并购事件，改善投资者预期，确保企业绩效能有稳定表现。

三、研究局限与研究展望

在企业绩效的度量上，本书选取了跨境并购当年年末企业的托宾 Q 值。样本数据中，跨境并购事件大多集中在 2012—2014 年，很难获取 3 年后的长期绩效数据。未来随着中国企业跨境并购的发展及数据的逐渐积累，进一步的研究可以选择长期绩效、并购绩效等更多维度的绩效变量。

研究样本剔除了 80 多件未上市企业的跨境并购事件。这是因为这部分数据大多为国有非上市公司,无法提供可连续观测的董事会信息及财务数据。然而,这部分业务是极其重要和珍贵的,如国家电网公司并购葡萄牙电力、中金公司协助央企共同开展跨境并购投标等。如果有机会搜集到这些事件的财务经营数据,将进一步有效地刻画我国企业的跨境并购业务往来特征。

本书借用了国际化网络的概念去梳理研究假设,并且认为跨境并购是中国企业嵌入国际化网络最快捷的方式。但是,研究并没采用社会网络的度量方法对中国企业跨境并购的交易网络进行定量研究。未来研究如果能够搜集到中国跨境并购企业整体网络所需的数据,如企业与资本方、海外掮客在跨境并购中的出资比例、股权关系或连续合作次数等信息,有必要采用社会网络的工具和方法对中国跨国企业网络进行深入研究。

在企业实践中,特别是在中国,企业与政府之间还存在着很多隐性政治嵌入形式,如亲属关系、社交关系等。虽然这些情况难以通过公开资料反映出来,但往往可能更有效。如果在未来研究中可以获得人口统计类数据,那么可以解决隐性政治嵌入的度量,丰富政治嵌入的测度方式,会解决因这类情况而可能产生的统计性偏差。

通过案例研究和文献梳理,我们还发现国际掮客可以提高跨境并购的成功概率。它们往往是一些私募投资公司(Private Equity,简称 PE)、国际咨询公司或者专业中介机构。然而,在数据搜集的过程中,很难搜集到这些掮客的详细信息。它们的信息很少见于新闻报道或上市公司公告。并且,大多数掮客不是上市公司,也很难追踪其财务绩效等信息。未来,如果能够找到合适的数据渠道,那么,掮客在中国企业国际化中的影响将会是比较新颖的话题。

参考文献

[1] Abdullah M, A B Hamid M R, Mustafa Z, et al. Mediating effect of organisational culture between leadership values on innovation: A partial least squares path modeling [J]. Journal Teknologi, 2013, 63 (2): 101 – 105.

[2] Acemoglu D, Johnson S. Unbundling institutions [R]. US: National Bureau of Economic Research, 2003.

[3] Acquaah M. Managerial social capital, strategic orientation, and organizational performance in an emerging economy [J]. Strategic Management Journal, 2007, 28 (12): 1235 – 1255.

[4] Adhikari A D, Derashid C, Zhang H. Public Policy, Political Connections and Effective Tax Rates: Longitudinal Evidence from Malaysia [J]. Journal of Accounting and Public Policy, 2006, 5 (25): 574 – 595.

[5] Agrawal A, Knoeber C R. Do some outside directors play a political role [J]. Journal of Law and Economics, 2001, 44 (1): 179 – 98.

[6] Aharony J, Lee C J, Wong T J. Financial packaging of IPO firms in China [J]. Journal of Accounting Research, 2000, 38 (1): 103 – 126.

[7] Ahern K R, Daminelli D, Fracassi C. Lost in translation? the effect of cultural values on mergers around the world [J]. Journal of Financial Economics, 2015, 117 (1): 165 – 189.

[8] Alajoutsijarvi K, Eriksson P, Tikkanen H. Dominant metaphors in the IMP network discourse: "the network as a marriage" and "the network as a business system" [J]. International Business Review, 2001, 10 (1): 91.

[9] Alimov A. Labor market regulations and cross – border mergers and acquisitions [J]. Journal of International Business Studies, 2015, 46 (8): 984 – 1009.

[10] Al – laham A, Amburgey T L. Who Makes You Central? [J]. Management International

Review, 2010, 50 (3): 297 – 323.

[11] Allen J, Qian J, Qian M. Law, finance, and economic growth in China [J]. Journal of Financial Economics, 2005, 77: 57 – 116.

[12] Amsden A H, Hikino T. Project execution capability, organizational know – how and conglomerate corporate growth in late industrialization [J]. Industrial and corporate change, 1994, 3 (1): 111 – 147.

[13] Andersson U, Forsgren M, Holm U. Balancing subsidiary influence in the federative MNC: a business network view [J]. Journal of International Business Studies, 2007, 38 (5): 802 – 818.

[14] Antal A B. Globalization and institutions: redefining the rules of the economic game [J]. Journal of General Management, 2003, 29 (1): 83 – 86.

[15] Aybar B, Ficici A. Cross – Border Acquisitions and firm value: an analysis of emerging – market multinationals [J]. Journal of International Business Studies, 2009, 8 (40): 1317 – 1338.

[16] Barkema H G, Schijven M. Toward unlocking the full potential of acquisitions: The role of organizational restructuring [J]. Academy of management journal, 2008, 51 (4): 696 – 722.

[17] Baron R M, Kenny D A. The moderator mediator variable distinction in social psychological research: conceptual, strategic, and statistical considerations [J]. Journal of personality and social psychology, 1986, 51 (6): 1173.

[18] Berkman H, Cole R A, Fu L J. Political connections and minority – shareholder protection: evidence from securities – market regulation in China [J]. Journal of Financial & Quantitative Analysis, 2010, 45 (6): 1391 – 1417.

[19] Bertrand M, Kramarz F, Schoar A et al. Politically connected CEOs and corporate outcomes: evidence from France [EB/OL]. [2004 – 12 – 12] http://citeseerx.ist.psu.edu/viewdoc/download? doi = 10.1.1.167.389.

[20] Beule F, Duanmu J. Locational determinants of internationalization: a firm – level analysis of Chinese and Indian acquisitions [J]. European Management Journal, 2012, 30 (3): 264 – 277.

[21] Blonigen B A, Fontagne L, Sly N et al. Cherries for sale: the incidence and timing of cross – border M&A [J]. Journal of International Economics, 2014, 94 (2): 341 – 357.

[22] Blumentritt T P, Nigh D. The integration of subsidiary political activities in multinational cor-

porations [J]. Journal of International Business Studies, 2002, 33 (1): 57 –77.

[23] Boisot M, Child J. From fiefs to clans and network capitalism: explaining China's emerging economic order [J]. Administrative Science Quarterly, 1996, 41 (4): 600 –628.

[24] Borys B, Jemison D B. Hybrida arrangements as strategic alliances: theoretical issues in organizational combinations [J]. Academy of Management Review, 1989, 14 (2): 234 –249.

[25] Boubakir M, Cosset J C, Saffar W. Political connections of newly privatized firms [J]. Journal of Corporate Finance, 2008, 14 (5): 654 –673.

[26] BoubakriN, Guedhami O, Cosset C. Liberalization, corporate governance and the performance of newly privatized firms [J]. Journal of Corporate Finance, 2005, 11: 767 –790.

[27] Brockman P, Rui O M, Zou H. Institutions and the performance of politically connected M&As [J]. Journal of International Business Studies, 2013, 44 (8): 833 –852.

[28] BuckleyP J, Clegg L J, Cross A R et al. The determinants of Chinese outward foreign direct investment [J]. Journal of international business studies, 2007, 38 (4): 499 –518.

[29] Buckley P J. Internationalintegration and coordination in the global factory. [J]. Management International Review, 2011, 51 (2): 269 –283.

[30] Buckley P J, Casson M. The future of the multinational enterprise [M]. London: Macmillan, 1976.

[31] Burt R S. Structuralholes: the social structure of competition [M]. Cambridge: Harvard University Press, 1992.

[32] Campbell N C, Graham J L, Jolibert A et al. Marketing negotiations in France, Germany, the United Kingdom and the United States [J]. The Journal of Marketing, 1988: 49 –62.

[33] Carvalho F, Goldstein A. The "making of" national giants: technology and governments shaping the international expansion of oil companies from Brazil and China [EB/OL]. [2008 – 10 –21] http: //collections. unu. edu/eserv/UNU: 377/wp2008 –021. pdf.

[34] Chakrabarti R, Gupta – Mukherjee S, Jayaraman N. Mars Venus marriages: Culture and cross – border M&A [J]. Journal of International Business Studies, 2009, 40 (2): 216 –236.

[35] Chang S J. International expansion strategy of Japanese firms: capability building through sequential entry [J]. Academy of Management Journal, 1995, 38 (2): 383 –407.

[36] Charreaux G, Desbrieres P. Corporate governance: stakeholder value versus shareholder value [J]. Journal of Management and Governance, 2001, 5 (2): 107 –128.

[37] Charumilind C, Kali R, Yupana W. Connected lending: Thailand before the financial crisis

[J]. The Journal of Business, 2006, 79 (1): 181 – 218.

[38] Chen T J. Network Resources for Internationalization: The Case of Taiwan's Electronics Firms [J]. Journal of Management Studies, 2003, 40 (5): 1107 – 1130.

[39] Chen S, Sun Z, Tang S et al. Government intervention and investment efficiency: evidence from China [J]. Journal of Corporate Finance, 2011, 17: 259 – 271.

[40] Chen Y Y, Young M N. Cross – border mergers and acquisitions by Chinese listed companies: A principal – principal perspective [J]. Asia Pacific Journal of Management, 2010, 27 (3): 523 – 539.

[41] Child J, Rodrigues S B. The Internationalization of Chinese Firms: A case for theoretical extension? [J]. Management and Organization Review, 2005, 1 (3): 381 – 410.

[42] Chin W W. The partial least squares approach to structural equation modeling [J]. Modern methods for business research, 1998, 295 (2): 295 – 336.

[43] Claessensa B. Political connections and preferential access to finance: The role of campaign contributions [J]. Journal of Financial Economics, 2008, 88 (3): 554 – 580.

[44] Chira I. The impact of governance characteristics on the stock price of cross listed companies [J]. Journal of Economics and Finance, 2014, 38 (1): 53 – 70.

[45] Cohen J. Statistical Power Analysis for the Behavioral Sciences [M]. New Jersey: Hillsdale Press. 1988.

[46] Delios A, Wu Z J, Zhou N. A new perspective on ownership identities in China's listed companies [J]. Management and Organization Review, 2006, 3 (2): 319 – 343.

[47] Deng P. Why do Chinese firms tend to acquire strategic assets in international expansion? [J]. Journal of World Business, 2009, 44 (1): 74 – 84.

[48] Dikova D, Sahib P R, Arjen V W. Cross – border acquisition abandonment and completion: The effect of institutional differences and organizational learning in the international business service industry [J]. Journal of International Business Studies, 2010, 41 (2): 223 – 245.

[49] Dunning J H. Internationalizing Porter's diamond [J]. Management International Review, 1993: 7 – 15.

[50] Eden L. Letter from the Editor – in – Chief: Lifting the veil on how institutions matter in IB research [J]. Journal of International Business Studies, 2010, 41 (2): 175 – 177.

[51] Eden L, Miller S R. Distance matters: Liability of foreignness, institutional distance and ownership strategy [J]. Advances in international management, 2004 (16): 187 – 221.

[52] Elango B, Pattnaik C. Building capabilities for international operations through networks: a study of Indian firms [J]. Journal of International Business Studies, 2007, 38 (4): 541 – 555.

[53] Erel I, Liao R C, Weisbach M S. Determinants of cross – border mergers and acquisitions [J]. The Journal of Finance, 2012, 67 (3): 1045 – 1082.

[54] Faccio M. Politically Connected Firms [J]. The American Economic Review, 2006, 96 (1): 369 – 386a.

[55] Faccio M, Masulis R W, McConnell J. Political connections and corporate bailouts [J]. The Journal of Finance, 2006, 61 (6): 2597 – 2635b.

[56] Fan J P H, Rui O M, Zhao M. Public governance and corporate finance: Evidence from corruption cases [J]. Journal of Comparative Economics, 2008, 36 (3): 343 – 364.

[57] Fan J P H, Wong T J, Zhang T. Politically connected CEOs, corporate governance, and Post – IPO performance of China's newly partially privatized firms [J]. Journal of Financial Economics, 2007, 84 (2): 330 – 357.

[58] Fernhaber S A, Gilbert B A, Mcdougall P P. International entrepreneurship and geographic location: an empirical examination of new venture internationalization [J]. Journal of International Business Studies, 2008, 39 (2): 267 – 290.

[59] Ferreira M P, Santos J C, Almeida M I R, et al. Mergers & acquisitions research: a bibliometric study of top strategy and international business journals [J]. Journal of Business Research, 2014, 67 (12): 2550 – 2558.

[60] Filatotchev I, Strange R, Piesse J, et al. FDI by firms from newly industrialised economies in emerging markets: corporate governance, entry mode and location [J]. Journal of International Business Studies, 2007, 38 (4): 556 – 572.

[61] Filatotchev I, Wright M. Agency perspectives on corporate governance of multinational Enterprises [J]. Journal of Management Studies, 2011, 48 (2): 471 – 486.

[62] Fisch J H, Zschoche M. The role of operational flexibility in the expansion of international production networks [J]. Strategic Management Journal, 2012, 33 (13): 1540 – 1556.

[63] Fisman R. Estimating the Value of Political Connections [J]. The American Economic Review, 2001, 91: 1095 – 1102.

[64] Fornell C, Larcker D F. Evaluating structural equation models with unobservable variables and measurement error [J]. Journal of marketing research, 1981: 39 – 50.

［65］ Frye T, Shleifer A. The invisible hand and the grabbing hand ［R］. US: National Bureau of Economic Research, 1996.

［66］ Galaskiewicz J. Has a network theory of organizational behaviour lived up to its promises? ［J］. Management and Organization Review, 2007, 3 (1): 1 – 18.

［67］ Gao Y. Institutional Change driven by corporate political entrepreneurship in transitional China: a process model ［J］. International Management Review, 2008, 4 (1): 1 – 22.

［68］ Geppert A S. Different Forms of Agency and Institutional Influences within Multinational Enterprises ［J］. Management International Review, 2011, 51 (5): 567 – 592.

［69］ Ghoshal S, Bartlett C A. The Multinational corporation as an interorganizational network ［J］. Academy of Management Review, 1990, 15 (4): 603 – 625.

［70］ Giannetti M, Liao G, Yu X. The brain gain of corporate boards: Evidence from China ［J］. The Journal of Finance, 2015, 70 (4): 1629 – 1682.

［71］ Globerman S, Shapiro D. Governance infrastructure and US foreign direct investment ［J］. Journal of International Business Studies, 2003, 34 (1): 19 – 39.

［72］ Gubbi S R, Aulakh P S, Ray S, et al. Do international acquisitions by emerging – economy firms create shareholder value? The case of Indian firms ［J］. Journal of International Business Studies, 2010, 3 (41): 397 – 418.

［73］ Guler I, Guillén M F. Home country networks and foreign expansion: evidence from the venture capital industry ［J］. Academy of Management Journal, 2010, 53 (2): 390 – 410.

［74］ Hair J F, Ringle C M, Sarstedt M. Editorial – partial least squares structural equation modeling: Rigorous applications, better results and higher acceptance ［J］. Long Range Planning, 2013, 46 (12): 1 – 12.

［75］ Harzing A W. Acquisitions versus greenfield investments: International strategy and management of entry modes ［J］. Strategic management journal, 2002, 23 (3): 211 – 227.

［76］ Haveman H W, Jia N, Shi J, The Dynamics of Political Embeddedness in China ［J］. Administrative Science Quarterly, 2017, 62: 67 – 104.

［77］ Hellman J S, Jones G. Seize the State, Seize the day: state capture and influence in transition economies ［J］. Journal of Comparative Economics, 2003, 31 (4): 751 – 773.

［78］ Hillman A. Politicians on the board of directors: Do connections affect the bottom line? ［J］. Journal of Management, 2005, 31 (3): 464 – 481.

［79］ Hilmersson M, Jansson H. International network extension processes to institutionally different markets: Entry nodes and processes of exporting SMEs [J]. International Business Review, 2012, 21 (4): 682 – 693.

[80] Hitt M A, Bierman L, Uhlenbruck K, et al. , The importance of resources in the internationlization of professional service firms: the good, the bad, and the ugly [J]. Academy of Management Journal, 2006, 49 (6): 1137 – 1157.

[81] Hofstede G. Culture and organizations [J]. International Studies of Management & Organization, 1980, 10 (4): 15 – 41.

[82] Holm D B, Eriksson K, Johanson J. Business networks and cooeration in international business relationships [J]. Journal of International Business Studies, 1996, 27 (5): 1033 – 1053.

[83] Hoskisson R E, Hitt M A, Johnson R A, et al. Conflicting voices: the effects of institutional ownership heterogeneity and internal governance on corporate innovation strategies [J]. Academy of Management Journal, 2002, 45 (4): 697 – 716.

[84] Hung M, Wong T J, Zhang T. Political considerations in the decision of Chinese SOEs to list in Hong Kong [J]. Journal of Accounting & Economics, 2012, 53 (1): 435 – 449.

[85] Hung M, Wong T J, Zhang T. Political relations and overseas stock exchange Listing: Evidence from Chinese State – owned Enterprises [EB/OL]. [2008 – 10 – 21] http: // www. cuhk. edu. hk/acy2/Staff/tjwong/HungWongZhangAug2008v8. pdf.

[86] Jensen M C, Meckling W H. Theory of the firm: managerial behavior, agency costs and ownership structure [J]. Journal of Financial Economics, 1976, 4 (3): 305 – 360.

[87] Jensen M C. Agency cost of free cash flow, corporate finance, and takeovers [J]. American Economic Review, 1986, 76 (2): 323 – 329.

[88] Johanson J, Mattsson L G. Internationalization in industrial systems: a network approach, strategies in global competition [M]. London: Academic Press, 1993.

[89] Johanson J, Vahlne J E. Commitment and opportunity development in the internationalization process: a note on the Uppsala internationalization process model [J]. Management International Review, 2006, 46 (2): 165 – 178.

[90] Jory S R, Ngo T N. Cross – border acquisitions of state – owned enterprises [J]. Journal of International Business Studies, 2014, 45 (9): 1096 – 1114.

[91] Karolyi G A L R. What is different about governmentcontrolled acquirers in cross – border acquisitions? [EB/OL]. [2009 – 07 – 01] https: //www. econstor. eu/bitstream/10419/

43545/1/640343694. pdf.

[92] Kim IM Y. Board network characteristics and firm performance in Korea [J]. Corporate Governance: An International Review, 2005, 13 (6): 800 – 808.

[93] Klein B A. Firm performance and board committee structure [J]. Source: Journal of Law and Economics, 1998, 41 (1): 275 – 304.

[94] Klopf P. , Nellab P. How "space" and "place" influence subsidiary host country political embeddedness [J]. International Business Review, 2018. 27 (1): 186 – 197.

[95] Kroszner R S, Stratmann T. Interest – group competition and the organization of congress: theory and evidence from financial services [J]. The American Economics Review, 1998, 88 (5): 1163 – 1187.

[96] Krueger A O. The political economy of the rent – seeking society [J]. The American Economic Review, 1974, 64 (3): 291 – 303.

[97] Lee J, Song H S, Kwak J. Internationalization of Korean banks during crises: The network view of learning and commitment [J]. International Business Review, 2014, 23 (6): 1040 – 1048.

[98] Leuza F O. Political relationships, global financing, and corporate transparency: Evidence from Indonesia [J]. Journal of Financial Economics, 2006: 81 (2): 411 – 439.

[99] Li J S. Relation – based versus Rule – based governance: an explanation of the east asian miracle and asian crisis [J]. Review of International Economics, 2003, 11 (4): 651 – 673.

[100] Lu J Y, Bin X. The Effects of corporate governance and institutional environments on export behavior in emerging economies [J]. Management International Review, 2009, 49 (4): 455 – 478.

[101] Dewenter K L, Malatesta P H. State – owned and privately owned firms: An empirical analysis of profitability, leverage, and labor intensity [J]. The American Economic Review, 2001, 91 (1): 320 – 334.

[102] Malhotra S, Gaur A S. Spatial geography and control in foreign acquisitions [J]. Journal of International Business Studies, 2014, 45 (2): 191 – 210.

[103] Mascarenhas B. Domains of state – owned, privately held, and publicly traded firms in international competition [J]. Administrative Science Quarterly, 1989: 582 – 597.

[104] McKinsey on Finance. Why emerging – market companies acquire abroad [R]. US: McKinsey, 2015.

[105] Mcmillan J W C. The central role of entrepreneurs in transition economies [J]. The Journal of Economic Perspectives, 2003, 16 (3): 153 – 170.

[106] Mcwilliams A, Van F D, Cory K D. Raising rivals'costs through political strategy: An extension of resource – based Theory [J]. Journal of Management Studies, 2002, 39 (5): 707 – 724.

[107] Mian A F, Khwaja A I. Do lenders favor politically connected firms? Rent provision in an emerging financial market [J]. Quarterly Journal of Economics, 2005, 120: 1391 – 1411.

[108] Morck R, Shleifer A, Vishny R W. Management ownership and market valuation: an empirical analysis [J]. Journal of financial economics, 1988, 20: 293 – 315.

[109] Ning L, Kuo J, Strange R, et al. International investors'reactions to cross – border acquisitions by emerging market multinationals [J]. International Business Review, 2014, 23 (4): 811 – 823.

[110] Niessen A, Ruenzi S. Political connectedness and firm performance: Evidence from Germany [J]. German Economic Review, 2010, 11 (4): 441 – 464.

[111] Nitsch D, Beamish P, Makino S. Entry mode and performance of Japanese FDI in Western Europe [J]. Management International Review, 1996, 36: 27 – 43.

[112] Nolan P. China and the global business revolution [J]. Cambridge Journal of Economics, 2002, 26 (1): 119 – 137.

[113] North D C. Institutions, institutional change and economic performance [M]. Cambridge university press, 1990.

[114] Oberman W. Strategy and tactic choice in an institutional resource context, Corporate political agency [M]. Thousand Oaks, CA: Sage Publication, 1993.

[115] Oliver C. Strategic responses to institutional processes [J]. Academy of management review, 1991, 16 (1): 145 – 179.

[116] Ovtchinnikov A V, Pantaleoni E. Individual political contributions and firm performance [J]. Journal of Financial Economics, 2012, 105 (2): 367 – 392.

[117] Pablo E. Determinants of cross – border M&As in Latin America [J]. Journal of Business Research, 2009, 62 (9): 861 – 867.

[118] Pan Y G, LU D H, et al. Firms' FDI ownership: The influence of government ownership and legislative connections [J]. Journal of International Business Studies, 2014, 45 (8): 1029 – 1043.

[119] Park S H, Luo Y. Guanxi and orgnizational dynamics: organizational networking in Chinese firms. [J]. Strategic Management Journal, 2001, 22 (5): 455 – 477.

[120] PengM W, Heath P S. The Growth of the firm in planned economies in transition: institutions, organizations and strategic choice [J]. Academy of Management Review, 1996, 21 (2): 492 – 528.

[121] Peng M W, Luo Y. Managerial ties and firm performance in a transition economy: The nature of a micro – macro link [J]. Academy of management journal, 2000, 43 (3): 486 – 501.

[122] Peng M W. The global strategy of emerging multinationals from China [J]. Global Strategy Journal, 2012, 2 (2): 97 – 107.

[123] Peng M W. Institutional transitions and strategic choices [J]. Academy of management review, 2003, 28 (2): 275 – 296.

[124] Peng M W. Firm growth in transitional economies: three longitudinal cases from China [J]. Organization Studies, 1997, 18 (3): 385 – 413.

[125] Peng M W, Sun S L, Pinkham B, et al. The Institution – Based View as a third leg for a strategy tripod [J]. The Academy of Management Perspectives, 2009, 23 (3): 63 – 81.

[126] Powell D J. The iron cage revisited: Institutional isomorphism and collective rationality in organizational fields [J]. American Sociological Review, 1983 (48): 147 – 160.

[127] Rabbiost L, Elia S, Bertoni F. Acquisitions by EMNCs in developed markets. [J]. Management International Review, 2012, 52 (2): 193 – 212.

[128] Root F R, Ahmed A A. The influence of policy instruments on manufacturing direct foreign investment in developing countries [J]. Journal of International Business Studies, 1978: 81 – 93.

[129] Ruzzier M, Hisrich R D, Antoncic B. SME internationalization research: past, present, and future [J]. Journal of Small Business and Enterprise Development, 2006, 13 (4): 476 – 497.

[130] Sawant R. Asset Specificity and corporate political activity in regulated industries [J]. Academy of Management Review, 2012, 37 (2): 194 – 210.

[131] Schmid A A. Analytical institutional economics: challenging problems in the economics of resources for a new environment [J]. American Journal of Agricultural Economics, 1972, 54 (5): 893 – 901.

[132] Scott W R. Institutional theory: Contributing to a theoretical research program [J]. Great

minds in management: The process of theory development, 2005: 460 – 485.

[133] Shleifer A, Vishny R W. A survey of corporate governance [J]. Journal of Finance, 1997, 52: 737 – 783.

[134] Shleifer A, Vishny R W. Large shareholders and corporate control [J]. The Journal of Political Economy, 1986: 461 – 488.

[135] Shleifer A, Vishny R W. Politicians and Firms [J]. Quarterly Journal of Economics, 1994, 109 (4): 995 – 1025.

[136] Siegel J. Contingent political capital and international alliances: evidence from South Korea [J]. Administrative Science Quarterly, 2007, 52 (4): 621 – 666.

[137] Slangen A H L, Beugelsdijk S. The impact of institutional hazards on foreign multinational activity: a contingency perspective [J]. Journal of International Business Studies, 2010, 41 (6): 980 – 995.

[138] Smets M, Morris T, Greenwood R. From practice to field: A multilevel model of practice – driven institutional change [J]. Academy of Management Journal, 2012, 55 (4): 877 – 904.

[139] Steenkamp J E, Trijp C H. The use of LISREL in validating marketing constructs [J]. International Journal of Research in marketing, 1991, 8 (4): 283 – 299.

[140] Sun P, Mellahi K, Thun E. The dynamic value of MNE political embeddedness: The case of the Chinese automobile industry. [J]. Journal of International Business Studies, 2010, 41 (7): 1161 – 1182.

[141] Svensson J. Who must pay bribes and how much? evidence from a cross section of firms [J]. The Quarterly Journal of Economics, 2003, 118 (1): 207 – 230.

[142] Todeva E. Governance, control and coordination in network context: the cases of Japanese Keiretsu and Sogo Shosha [J]. Journal of International Management, 2005, 11 (1): 87 – 109.

[143] Weitzel U. , Berns S. Cross – border takeovers, corruption, and related aspects of governance [J]. Journal of International Business Studies, 2006, 37 (6): 786 – 806.

[144] Williamson O E. Economic Institutions: Spontaneous and Intentional Governance. [J]. Journal of Law, Economics & Organization, 1991, 7 (2): 159 – 187.

[145] Wu W, Wu C, Rui O M. Ownership and the Value of Political Connections: Evidence from China [J]. European Financial Management, 2012, 18 (4): 695 – 729.

[146] Yiu D W, Lau C M, Bruton G D. International venturing by emerging economy firms: the

effects of firm capabilities, home country networks, and corporate entrepreneurship [J]. Journal of International Business Studies, 2007, 38 (4): 519 – 540.

[147] Zhou B, Guo J M, Hua J, et al. Does state ownership drive M&A performance? Evidence from China [J]. European Financial Management, 2015, 21 (1): 79 – 105.

[148] 陈冬华. 地方政府、公司治理与补贴收入——来自我国证券市场的经验证据 [J]. 财经研究, 2003 (09): 15 – 21.

[149] 陈冬宇. 基于社会认知理论的 P2P 网络放贷交易信任研究 [J]. 南开管理评论, 2014 (3): 40 – 48.

[150] 陈永丽, 龚枢. 我国上市公司财务治理结构有效性研究的新途径——信息传染效应的引入 [J]. 管理世界, 2012 (10): 184 – 185.

[151] 程仲鸣, 夏新平, 余明桂. 政府干预、金字塔结构与地方国有上市公司投资 [J]. 管理世界, 2008 (9): 37 – 47.

[152] 邓建平, 曾勇. 政治嵌入能改善民营企业的经营绩效吗 [J]. 中国工业经济, 2009 (02): 98 – 108.

[153] 邓建平, 曾勇. 金融关联能否缓解民营企业的融资约束 [J]. 金融研究, 2011, 374 (8): 78 – 92.

[154] 杜兴强, 曾泉, 杜颖洁. 政治联系、过度投资与公司价值——基于国有上市公司的经验证据 [J]. 金融研究, 2011 (8): 93 – 109.

[155] 杜兴强, 郭剑花, 雷宇. 政治联系方式与民营上市公司业绩: "政府干预"抑或"关系"? [J]. 金融研究, 2009 (11): 158 – 173.

[156] 冯天丽. 私营企业政治资本与国有银行借贷的实证研究 [J]. 预测, 2010, 29 (3): 31 – 37.

[157] 冯天丽, 井润田. 制度环境与私营企业家政治联系意愿的实证研究 [J]. 管理世界, 2009 (1): 81 – 91.

[158] 何轩, 陈文婷, 檀宏斌. 家族企业准接班人的创业精神传承: 以高校在读家族企业后代为样本的探索性实证研究 [J]. 管理评论, 2011, 23 (9): 58 – 67.

[159] 胡旭阳. 民营企业家的政治身份与民营企业的融资便利——以浙江省民营百强企业为例 [J]. 管理世界, 2006 (05): 107 – 141.

[160] 焦豪. 双元型组织竞争优势的构建路径: 基于动态能力理论的实证研究 [J]. 管理世界, 2011 (11): 76 – 91.

[161] 经济合作与发展组织. 全球直接对外投资统计 [EB/OL]. [2019 – 10 – 01], ht-

tp：//www.oecd.org/.

[162] 李康宏．制度距离与企业海外股权进入模式的关系研究——来自中国跨国公司的证据 [D]．天津：南开大学，2015.

[163] 林润辉，李娅，李康宏，等．政治关联、制度环境与中国新上市企业的市场表现：基于中国境内外上市公司的比较 [J]．预测，2016，35（2）：1-8.

[164] 联合国贸易和发展会议．世界投资报告 [R]．日内瓦，2015.

[165] 连燕玲，贺小刚，张远飞，等．危机冲击，大股东"管家角色"与企业绩效——基于中国上市公司的实证分析 [J]．管理世界，2012（9）：142-155.

[166] 林毅夫，刘明兴，章奇．政策性负担与企业的预算软约束：来自中国的实证研究 [J]．管理世界，2004，8（8）：81-89.

[167] 刘锴，纳超洪．大股东控制、公司治理与跨国并购决策 [J]．金融经济学研究，2015（05）：43-54.

[168] 刘军．社会网络分析导论 [M]．北京：社会科学文献出版社，2004.

[169] 刘芍佳，孙霈，刘乃全．终极产权论、股权结构及公司绩效 [J]．经济研究，2003（04）：51-62.

[170] 逯东，杨丹，林高，等．"官员型"高管、公司业绩和非生产性支出——基于国有上市公司的经验证据 [J]．金融研究，2012，384，（6）：139-152.

[171] 宗芳宇，路江涌，武常岐．双边投资协定、制度环境和企业对外直接投资区位选择 [J]．经济研究，2012（05）：71-82.

[172] 罗党论，刘晓龙．政治关系、进入壁垒与企业绩效——来自中国民营上市公司的经验证据 [J]．管理世界，2009（5）：97-106.

[173] 罗党论，唐清泉．中国民营上市公司制度环境与绩效问题研究 [J]．经济研究，2009（2）：106-118b.

[174] 罗党论，甄丽明．民营控制、政治关系与企业融资约束——基于中国民营上市公司的经验证据 [J]．金融研究，2008，342（12）：164-178.

[175] 马连福，王元芳，沈小秀．中国国有企业党组织治理效应研究——基于"内部人控制"的视角 [J]．中国工业经济，2012，293（8）：82-95.

[176] 梅姝娥，谢刚．组织内业务/IT关系、IT外包关系的治理与服务质量 [J]．管理评论，2013，25（7）：1-13.

[177] 潘红波，夏新平，余明桂．政府干预、政治嵌入与地方国有企业并购 [J]．经济研究，2008（4）：41-52.

［178］潘红波，余明桂．支持之手、掠夺之手与异地并购［J］．经济研究，2011（9）：108－120.

［179］石秀印．中国企业家成功的社会网络基础［J］．管理世界，1998，6：187－196.

［180］覃家琦，邵新建，赵映雪．双重上市、IPO抑价与大规模融资行为——来自中国公司IPO的证据［J］．金融研究，2012（3）：193－206.

［181］唐松，胡威，孙铮．政治关系、制度环境与股票价格的信息含量——来自我国民营上市公司股价同步性的经验证据［J］．金融研究，2011，373（7）：182－195.

［182］田志龙，高勇强，卫武．中国企业政治策略与行为研究［J］．管理世界，2003（12）：98－127.

［183］王凤彬，杨阳．跨国企业对外直接投资行为的分化与整合——基于上市公司市场价值的实证研究［J］．管理世界，2013（3）：148－171.

［184］王国顺，杨帆．创业导向，网络能力对国际化绩效的影响研究［J］．科研管理，2011，32（10）：144－150.

［185］王鹏，周黎安．控股股东的控制权，所有权与公司绩效：基于中国上市公司的证据［J］．金融研究，2006（2）：88－98.

［186］王伟光，冯荣凯，尹博．产业创新网络中核心企业控制力能够促进知识溢出吗？［J］．管理世界，2015（6）：99－109.

［187］王晓丽，李西营，邵景进．形成性测量模型：结构方程模型的新视角［J］．心理科学进展，2011，19（2）：293－300.

［188］卫武．中国环境下企业政治资源、政治策略和政治绩效及其关系研究［J］．管理世界，2006（2）：95－109.

［189］温忠麟，张雷，侯杰泰，等．中介效应检验程序及其应用［J］．心理学报，2004，36（5）：614－620.

［190］巫景飞，等．高层管理者政治网络与企业多元化战略：社会资本视角——基于我国上市公司面板数据的实证分析［J］．管理世界，2008（8）：107－118.

［191］吴明隆．问卷统计分析实务：SPSS操作与应用［M］．重庆：重庆大学出版社，2010.

［192］吴文峰，吴冲锋，芮萌．中国上市公司高管的政府背景与税收优惠［J］．管理世界，2009（3）：134－142.

［193］吴晓云，陈怀超．制度距离在国际商务中的应用：研究脉络梳理与未来展望［J］．管理评论，2013（4）：12－22.

[194] 夏立军，陆铭，余为政．政企纽带与跨省投资——来自中国上市公司的经验证据 [J]．管理世界，2011（7）：128 - 140.

[195] 徐浩萍，吕长江．政府角色、所有权性质与权益资本成本 [J]．会计研究，2007 (6)：61 - 67.

[196] 徐业坤，钱先航，李维安．政治不确定性、政治嵌入与民营企业投资——来自市委书记更替的证据 [J]．管理世界，2013（5）：116 - 130.

[197] 徐云杰．社会调查设计与数据分析：从立题到发表 [M]．重庆：重庆大学出版社，2011.

[198] 闫国庆．国际商务 [M]．北京：清华大学出版社，2004.

[199] 阎大颖，洪俊杰，任兵．中国企业对外直接投资的决定因素：基于制度视角的经验分析 [J]．南开管理评论，2009（06）：135 - 142.

[200] 杨其静．企业成长：政治关联还是能力建设？[J]．经济研究，2011（10）：54 - 94.

[201] 叶浩生，李明．反映还是形成？平行还是层级？PSM 的模型建构与检验 [J]．心理学探新，2014，34（3）：265 - 271.

[202] 应千伟，罗党论．授信额度与投资效率 [J]．金融研究，2012，383（5）：151 - 163.

[203] 游家兴，徐盼盼，陈淑敏．政治关联、职位壕沟与高管变更——来自中国财务困境上市公司的经验证据 [J]．金融研究，2010，358（4）：128 - 143.

[204] 余明桂，潘红波．政治关系、制度环境与民营企业银行贷款 [J]．管理世界，2008 (8)：9 - 22.

[205] 喻世友，万欣荣，史卫．论跨国公司 R&D 投资的国别选择 [J]．管理世界，2004 (01)：46 - 54.

[206] 袁萍，刘士余，高峰．关于中国上市公司董事会，监事会与公司业绩的研究 [J]．金融研究，2006（6）：23 - 32.

[207] 张晶晶．政治嵌入与中国企业海外并购绩效影响的研究 [D]．杭州：浙江大学，2015.

[208] 张军．结构方程模型构建方法比较 [J]．统计与决策，2007（18）：137 - 139.

[209] 张敏，黄继承．政治嵌入、多元化与企业风险——来自我国证券市场的经验证据 [J]．管理世界，2009（7）：156 - 164.

[210] 郑准，王国顺．企业国际化网络理论的起源、基本框架与实践意蕴探讨 [J]．外国经济与管理，2011（10）：9 - 16.

[211] 周黎安．晋升博弈中政府官员的激励与合作——兼论我国地方保护主义和重复建设

问题长期存在的原因 [J]. 经济研究, 2004 (06): 33 - 40.

[212] 周志民, 张江乐, 熊义萍. 内外倾人格特质如何影响在线品牌社群中的知识分享行为——网络中心性与互惠规范的中介作用 [J]. 南开管理评论, 2014 (3): 19 - 29.